EXPOSÉ

ET

EXAMEN CRITIQUE

DU

SYSTÈME PHRÉNOLOGIQUE.

IMPRIMERIE DE H. FOURNIER ET COMP.,
Rue de Seine, N° 14.

EXPOSÉ

ET

EXAMEN CRITIQUE

DU

SYSTÈME PHRÉNOLOGIQUE,

CONSIDÉRÉ DANS SES PRINCIPES, DANS SA MÉTHODE, DANS SA THÉORIE ET DANS SES CONSÉQUENCES ;

PRÉCÉDÉ D'UNE LETTRE A MM. LES ÉLÈVES DE L'ÉCOLE DE MÉDECINE DE PARIS ;

PAR LE Dr L. CERISE.

> Il y a bien diversités de dons, mais il n'y a qu'un seul esprit.
>
> SAINT PAUL, Épître aux Corint., XII, 4.

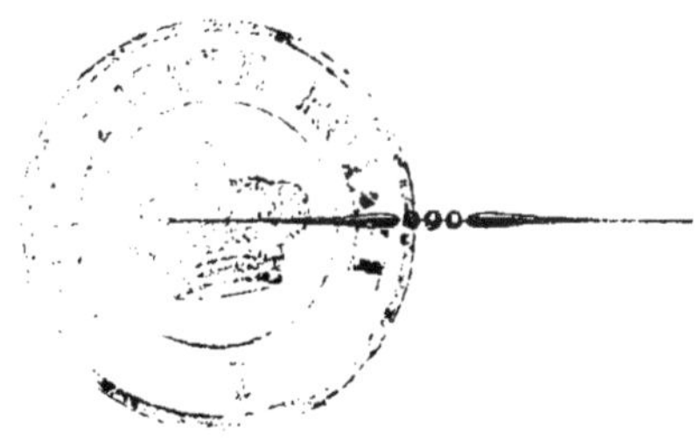

PARIS,

TRINQUART, LIBRAIRE,

RUE DE L'ÉCOLE DE MÉDECINE, N° 9.

1836.

AVERTISSEMENT.

Sous le titre d'*Exposé* et *Examen critique du système phrénologique*, nous réunissons une série d'articles que nous avons insérés dans *l'Européen* de 1836, n°s VII, VIII, IX et X. Ces articles étaient destinés, à l'occasion de l'ouvrage de M. Lélut, intitulé : *Qu'est-ce que la phrénologie?* etc., à répondre, d'une manière nette et précise, à la question posée dans ce titre.

Comme la nature et les limites d'un journal de morale et de philosophie ne nous permettaient pas d'entrer dans plusieurs détails que pouvait réclamer le sujet que nous avions à traiter, nous avons dû, en réunissant ces articles dans un volume, les faire suivre de quelques notes auxquelles nous prions nos lecteurs de vouloir bien recourir.

Comme ces articles étaient adressés à ceux qui lisent *l'Européen*, et qui en connaissent la doctrine, nous avons cru devoir, en leur donnant une plus grande publicité, les faire précéder d'une rapide exposition des principes qui dominent l'école dont ce journal est l'organe. C'est dans ce but que nous avons écrit la lettre suivante à MM. les élèves de l'école de médecine de Paris.

Ceux qui nous liront sont priés de vouloir bien rectifier eux-mêmes plusieurs erreurs typographiques qui se sont glissées dans le texte, malgré la bonne volonté que nous avons eue de les éviter, et sans doute à cause de notre inexpérience.

LETTRE
A MM. LES ÉLÈVES
DE L'ÉCOLE DE MÉDECINE
DE PARIS.

LETTRE

A MM. LES ÉLÈVES

DE L'ÉCOLE DE MÉDECINE

DE PARIS.

Messieurs,

Cet *Examen critique du système phrénologique* vous est adressé par nous qui avons résolu de combattre, avec énergie et persévérance, pour la sainte cause de l'unité et de la fraternité chrétiennes.

Cet examen est sévère. En vous l'adressant, nous vous devons des explications. Cette lettre a pour objet de vous les donner. Elles seront sincères, franches et précises.

Nous vous dirons quelle est notre pensée, quels sont nos principes, quelle est notre méthode, quel est notre but ; nous vous dirons, en un mot, quelle est la doctrine que nous professons. Nous vous le dirons avec simplicité, car notre foi ne connaît pas les détours de l'habileté; elle demande à être exprimée hautement.

Déposez pour quelques instans toute prévention, toute méfiance; lisez ces pages avec calme, avec attention, car elles parlent un langage que vous n'êtes pas habitués à entendre, car elles disent des choses qui peuvent être nouvelles pour vous, car elles pourront vous rappeler des croyances que vous avez repoussées parce qu'un contact impur les avait souillées.

Vos sentimens nous sont connus. Nous savons que vous réprouvez l'égoïsme qui cherche à assurer son règne au sein de la société française. Nous savons que vous avez en abomination les doctrines qui nient les devoirs sociaux que tout homme doit remplir, qui nient la fonction égalitaire qui a fait la grandeur de la France et qui constitue sa puissante nationalité. Nous savons que vous êtes dignes de continuer l'œuvre de vos pères. Cette conviction rendra notre tâche plus facile, car, placés sur un terrain commun, soldats de la même armée, nous n'aurons qu'à discerner nos ennemis, à les bien connaître, pour marcher ensemble, dans le même combat, à une commune victoire.

Ces ennemis sont nombreux. Plusieurs ont levé le masque et vous les avez reconnus. Quelques-uns se cachent et empruntent pour se cacher un langage obscur ou hypocrite. D'autres ne paraissent pas s'apercevoir qu'ils font servir à de perfides desseins une science qui vous est chère.

Ceux qui se proclament franchement *contre-révolutionnaires* sont aujourd'hui les moins nombreux et les moins dangereux. Ceux-là, grâce à la vigilance populaire, sont frappés d'impuissance et ne sauraient devenir redoutables.

Mais ce courage manque au plus grand nombre. C'est sur les enseignemens de ceux qui n'ont pas ce courage que nous devons appeler votre attention. C'est à reconnaître ceux qui s'enveloppent dans le manteau de la science que nous devons consacrer nos efforts, nous à qui la science a été donnée pour que nous la fissions servir à l'avancement du règne de la fraternité.

Pour reconnaître ces ennemis, il faut donc étudier les doctrines qui se répandent autour de vous, et les étudier sérieusement. Il faut aller au fond des théories et ne pas glisser légèrement à la surface. Il faut chercher la raison des enseignemens qui sont mis en circulation par les soins des gouvernemens et par des travaux particuliers; il faut que vous puissiez vous dire avec certitude : Là est la vérité, là est l'erreur.

Mais, nous direz-vous, à quels signes pouvons-nous reconnaître la vérité et l'erreur d'une doctrine, puisque nous voyons tous les jours que ce qui est une vérité pour les uns est une erreur pour les autres, quoique les faits soient nécessairement les mêmes pour tous. Quel est en un mot le *criterium* de la vérité, quel est le principe de certitude?

Ce *criterium*, Messieurs, c'est la morale. C'est parce qu'on le place ailleurs que dans la morale que le doute règne, et avec le doute, la confusion et le mal.

Ce *criterium* a été placé dans le témoignage des sens. Or les sens sont impuissans à nous donner la loi des rapports qui existent entre l'activité humaine et le monde; ils sont impuissans à nous donner le point de départ de toute conception scientifique; ils sont impuissans à nous donner la loi d'une seule des existences de l'univers, et de leur harmonie avec l'ensemble de la création. Cela est si vrai, que, quoique les sens soient toujours les mêmes, la science subit d'immenses variations dans le cours des âges.

Ce *criterium* a été placé dans la *raison*, dans *certaines idées innées.* Mais cette détermination est bien vague, tellement vague, que les affirmations les plus contradictoires, les plus diverses, l'ont invoquée tour à tour, et qu'elle s'est prêtée à toutes les prétentions les plus opposées.

Ce *criterium* a été placé dans le sens commun, dans l'autorité universelle du genre humain, dans la tradition. Mais où sont les interprètes de cette tradition, et quel est dans leur œuvre d'interprétation le principe de certitude qui les empêchera de faillir? Pourquoi devrions-nous foi et obéissance à ces interprètes?...

Ce *criterium* a été placé dans le sens intime, dans la conscience, dans la révélation du *moi.* Mais l'évidence rationnelle d'un homme peut-elle s'élever au rang d'une autorité souveraine, d'un principe de certitude pour tous?

Ce *criterium* a été placé dans l'intérêt bien entendu; mais qui ne sait à quelle diversité d'interprétations ce mot donne naissance? N'est-il pas certain que chacun entend son intérêt à sa manière et au préjudice des moins forts ou des moins habiles?

Or toutes ces bases sont fausses, mobiles, incertaines ou fragiles.

Sachez donc tous, Messieurs, que le principe de toute certitude réside dans la morale, qu'elle seule est la même pour tous, qu'elle seule est infaillible et souveraine. Proclamons cette vérité hautement, assez hautement pour que ceux qui nous gouvernent nous entendent. Proclamons-la sans cesse, afin que ceux qui répandent des enseignemens dans la société, nous écoutent et nous comprennent.

Le principe de toute certitude, le critérium universel, est dans la morale, et ne saurait exister ailleurs. Telle est l'affirmation qui domine toute notre doctrine. C'est ce principe de certitude, inexorable et incontestable, qui fait notre force, qui soutient notre espoir, qui nous éclaire dans l'appréciation des doctrines anciennes et des doctrines modernes, qui nous dirige dans l'étude du passé et dans la prévoyance de l'avenir.

Ne croyez pas, Messieurs, que la découverte d'un principe de certitude n'intéresse que quelques philosophes et quelques savans. Elle est la clé des affaires et des croyances politiques, comme elle est celle des convictions rationnelles.

En effet, toute organisation sociale, tout mode gouvernemental, n'est et ne peut être autre chose qu'un système mis en action. Or, si dans ces derniers temps il y a tant de variations, si peu de solidité et de durée, dans les systèmes, n'est-ce pas parce qu'ils n'émanent point d'un principe de certitude absolu et capable d'imposer foi, confiance, sécurité à tout le monde? La fréquence des révolutions modernes implique-t-elle autre chose que la recherche d'une certitude sociale, poursuivie par des tentatives répétées, ainsi que cela se fait en philosophie?

S'il en est ainsi (et quel homme habitué à regarder en publiciste et en philosophe pourrait en douter), l'œuvre première, dans la politique comme dans la science, dans la science comme dans la politique, est donc la découverte du principe de la certitude. Nous vous convions donc, Messieurs, à venir reconnaître avec nous ce *criterium universel* cherché si loin, et cependant toujours si près de nous. Ici nous réclamons de nouveau, en faveur du but que nous nous proposons, votre attention et votre recueillement.

Avant d'aborder une discussion difficile, posons la question dans ses termes les plus simples. Le mal est incompatible avec le bien. Le bien et le mal ne peuvent indifféremment concourir à diriger les hommes dans leurs rapports entre eux et avec la société. Cela est incontestable. Et cependant une vérité si simple que les consciences les plus perverties ne sauraient la méconnaître sans honte, reçoit tous les jours, dans son application, des atteintes graves, opiniâtres, systématiques, qui tendent à mettre en continuel péril l'existence sociale.

Proclamer que le bien doit attaquer, combattre

et vaincre le mal, c'est proclamer la certitude morale, c'est agir en vertu de la certitude qui engendre toutes les certitudes humaines, et hors de laquelle il n'y a que doutes, ténèbres et chaos. Nier cette certitude, c'est faire rentrer au néant la création tout entière; c'est nier l'activité divine, l'activité humaine, c'est affirmer l'inertie et la fatalité universelles, c'est proclamer le néant.

En effet, la certitude d'une science est tout entière dans la sainteté de la morale qui en découle; et la fausseté d'une doctrine se démontre par l'immoralité qu'elle porte dans son sein. Le *criterium* de la vérité n'existe pas dans les méthodes du raisonnement, car la logique humaine n'est qu'un instrument docile de démonstration : elle n'affirme rien; elle se borne à des inductions et à des comparaisons; elle ne fonctionne que lorsqu'elle est sollicitée par une affirmation qui n'est pas dans son domaine; elle n'est féconde qu'en vertu d'un principe qui a été posé en dehors d'elle; or, cette affirmation et ce principe ont leur source dans la morale qui est infaillible. Hors de la morale, le mal existe; avec le mal, l'erreur, l'ignorance et le doute.

La morale est la loi de l'activité humaine. Tout sentiment, toute science, toute œuvre, qui est en opposition avec cette loi, nie le principe et le but de l'humanité dont cette loi est l'expression; il isole l'homme et l'humanité pour les parquer dans leur individualité, sans relation avec l'ensemble des choses créées, et par conséquent sans fonction à remplir, sans œuvre providentielle à accomplir.

L'homme est une activité. Toute activité, pour

se manifester, doit être dans un rapport incessant avec un principe et avec un but. Sans avoir connaissance de son principe, l'activité est impuissante à connaître son but, et sans connaître son but, elle existe comme si elle n'existait pas; c'est l'inertie.

Dieu est l'activité essentielle et suprême. Agir, pour Dieu, c'est exister, car pour Dieu, le temps et l'espace n'existent pas; il renferme en son essence son principe et son but. Rien ne le précède, rien ne lui succède; il est l'Éternel. Agir, pour l'homme, c'est manifester par ses œuvres son principe et son but; c'est lier le présent au passé et à l'avenir; c'est engendrer dans le temps et dans l'espace. Pour l'homme et pour l'humanité qui ne sont pas éternels, l'existence est liée aux manifestations qui les ont précédés et à celles qui leur succéderont. En un mot, il y a pour l'homme et pour l'humanité un passé et un avenir qui les rattachent à un vaste ensemble de phénomènes dans lequel leur individualité n'est acceptée qu'à la condition d'accomplir une fonction déterminée. L'homme et l'humanité, en tant qu'activités destinées à se manifester par la matière dans le temps et dans l'espace, n'existent qu'à la condition de concourir à cette fonction.

L'homme a son principe dans l'activité divine; son but est dans la fonction de l'humanité. L'humanité a son principe en Dieu; son but est dans la pensée divine sur la création du monde.

L'homme doit agir, toujours agir; c'est la condition de sa liberté, c'est la condition de son existence. S'il n'agit pas, il perd son caractère humain, il perd sa liberté, il se dépouille de son essence humaine, il brise tous les liens qui le lient au passé et à l'avenir; dès qu'il cesse d'agir, il n'y a plus de continuité entre l'humanité et son être; il n'est plus qu'une brute plus ou moins parfaitement organisée, qui se meut dans sa sphère individuelle. Ne pas agir, pour l'homme, c'est déjà faire le mal, c'est se placer dans la fatalité, c'est nier le devoir. Il n'y a pas de milieu possible entre le bien et le mal. Quand le bien ne se produit pas, le mal est affirmé : il triomphe.

Ainsi, toute science qui conclut à l'immobilité est fausse; elle est fausse parce qu'elle est immorale; elle nie le but social de l'activité humaine, elle conduit au mal. Toute doctrine qui conclut à l'immobilité doit être combattue. Ainsi toute doctrine mystique doit être combattue.

Agir, c'est produire une œuvre. Toute science qui conclut à une œuvre contraire à la loi de l'activité humaine est fausse; elle est fausse parce qu'elle est immorale; elle doit être condamnée. Ainsi toute doctrine matérialiste doit être condamnée.

Il n'y a donc de science vraie que celle qui conclut à une œuvre conforme à la loi de l'activité humaine; celle-là seule est conforme à la morale; celle-là seule est certaine, parce que seule elle renferme la notion du bien et du mal; celle-là doit se montrer, combattre et triompher.

Adopter ce qui est en dehors de cette science, accepter ce qui lui est contraire, c'est la nier, c'est la trahir, c'est, pour parler le langage de l'Église, mettre le paradis avec l'enfer, c'est boire et manger sa propre condamnation. Transiger avec l'immoralité, c'est faire avec le mal une communion indigne et sacrilége; c'est mettre au néant le principe et le but de l'homme et de l'humanité.

Quelle est la loi de l'activité humaine? Quel est le principe de l'homme, quel est son but? C'est dans la solution de cette question qu'est renfermée la notion du bien et du mal, notion positive, infaillible, sur laquelle reposent toutes les certitudes humaines; et c'est là aussi le problème des siècles. La solution de cette question était nécessaire à la raison humaine, car seule elle pouvait lui révéler toute la loi de son activité. Sans elle, il eût été impossible à l'homme d'agir; il eût été impossible à l'humanité de se manifester. Cette solution a été révélée à l'homme. De là sont sorties les genèses qui ont marqué la naissance des grandes civilisations.

A toutes les grandes époques sociales, un Verbe nouveau a été envoyé, un but nouveau a été assigné à l'activité humaine. Le dogme nouveau différait essentiellement de l'ancien, il se mettait en opposition ouverte avec lui; et cependant, loin de venir changer la grande pensée de Dieu sur l'humanité exprimée par la loi ancienne, le dogme nouveau venait l'accomplir. De là est sortie la révélation du PROGRÈS, révélation toute chrétienne, que l'Église n'a pas comprise, quoiqu'elle fût écrite dans la Genèse et dans l'histoire, révélation destinée à fonder un système complet de philosophie chrétienne (1).

(1) Voyez *l'Européen*, journal de morale et de philosophie, 1831, 1832, 1835 et 1836. — Voyez l'*Introduction à la science de l'histoire*, par M. Bu-

Renfermons-nous dans la solution donnée par le dogme chrétien. Dieu a créé le monde, le globe, et successivement les plantes, les animaux inférieurs, les animaux supérieurs, l'homme et l'humanité. Nous nous bornons à signaler ici cette marche ascendante de la création.

Dieu est esprit; le monde est matière. L'esprit veut et la matière obéit; l'esprit se manifeste par la parole et la matière se transforme. Dieu est activité, la matière est passivité. Dieu dit: « Que la lumière soit, et la lumière fut. »

L'homme a été créé par Dieu; il a été formé de matière et animé par l'esprit; il a donc reçu un principe matériel, aveugle, fatal, et un principe immatériel, actif, libre. C'est à cette dualité de son être que l'homme doit son activité, tandis que les animaux, doués uniquement de l'instrument charnel, se perpétuent par la seule voie de la chair, accomplissant toujours la même œuvre matérielle, sans se perfectionner, sans recevoir la tradition du passé, sans préparer celle de l'avenir, sans souvenirs et sans espérances, sans droits et sans devoirs, sans continuité de fonctions à travers les générations qui s'engendrent et se succèdent sur la terre.

L'activité est l'attribut de l'esprit, l'acte en est le signe, la manifestation. L'activité est libre; sa liberté se montre dans la lutte, dans le choix qu'elle fait du bien et du mal, dans l'empire qu'elle exerce

chez, page 51 et suiv. — Voyez la préface du XVII vol. de l'*Histoire parlementaire de la révolution française* par MM. Buchez et Roux.

sur la matière de l'instrument charnel ou terrestre. Pour que l'activité se montre, il faut qu'elle combatte, qu'elle lutte, qu'elle règne par la volonté; alors seulement elle est libre. Si son empire cesse, si elle est subjuguée, elle cesse d'être, car une passivité n'est plus une activité. Ainsi, à l'instant où elle subit le joug d'un mauvais principe, et elle le subit lorsqu'elle cesse de lutter, ou lorsqu'elle ne distingue pas le bien du mal, l'ame humaine entre alors dans la voie fatale, elle n'existe plus; l'homme qui existe sous l'empire de cette fatalité rentre dans la condition du péché originel; il est impuissant à faire le bien, il est esclave.

Le but de l'activité humaine, assigné par la loi de J.-C., est LA RÉALISATION DE L'ÉGALITÉ ET DE LA FRATERNITÉ UNIVERSELLES. Ce but trouve son principe dans la genèse chrétienne. En effet, tous les hommes sont FILS D'UN MÊME PÈRE, qui est Dieu; TOUS SONT FRÈRES; tous ont reçu de Dieu un principe spirituel de MÊME NATURE et de MÊME ACTIVITÉ avec des instrumens charnels qui SEULS DIFFÈRENT.

Quelle doit être la loi de l'activité humaine en vertu de ce principe et en vue de ce but? C'EST L'EXERCICE DE LA LIBERTÉ, dans toute sa plénitude, AU SERVICE DE LA FRATERNITÉ. Mais comme la liberté n'existe qu'à la condition de dominer tous les obstacles qui naissent des instincts et de la force matérielle; comme l'activité n'est libre qu'à la condition de subordonner les exigences charnelles qui lui résistent, il en résulte que l'homme doit se manifester par une lutte incessante contre le mal, contre tout ce qui est individuel, contre tout ce qui arrête l'essor de son activité vers la réalisation finale du principe chrétien de l'égalité. Lutter, c'est agir dans un but social; c'est concourir à une fonction que l'activité humaine doit accomplir en dehors de l'individualité charnelle; c'est en un mot produire une œuvre qui survivra à l'individu et qui sera recueillie par l'humanité. Cette lutte contre l'égoïsme, contre la fatalité des instincts et de la force brutale, n'est autre chose que le sacrifice du *moi* individuel au *moi* social, au *moi* humanitaire; en un mot, c'est le dévouement.

Tel est l'enseignement chrétien; telle est la morale sociale chrétienne.

Que si l'on nous demande maintenant où est le bien, où est le mal, nous dirons:

Le bien prend naissance à l'instant où un homme fait un acte social, humanitaire, non individuel, un acte dont le principe est en Dieu et dont le but est dans l'humanité, un acte en harmonie avec la fonction sociale à accomplir; le sentiment qui inspire cet acte est bon, la science qui le prépare est vraie, l'homme qui l'accomplit a bien mérité de Dieu et de l'humanité.

Le mal prend naissance à l'instant où un homme fait un acte anti-social, individuel, un acte dont le principe et le but sont dans l'individu lui-même comme chez les animaux, un acte en hostilité avec la fonction sociale à accomplir; le sentiment qui l'inspire est mauvais, la doctrine qui le prépare est fausse, l'homme qui l'exécute est coupable.

Que dire après cela, Messieurs, des théoriciens qui prétendent affirmer le but social, qui affectent de proclamer la nécessité de réaliser l'égalité chrétienne et qui en nient le principe; qui nient Dieu et la dualité humaine, qui nient l'activité, la liberté, la responsabilité de l'homme (1)? Où est le principe de certitude qui les anime; et en vertu de quelle loi proclament-ils l'œuvre qu'ils prétendent accomplir? Leur principe, c'est le droit naturel qui conclut à la satisfaction du moi individuel; et ce principe est précisément la source du mal, car c'est la sanctification de l'égoïsme, c'est la canonisation de l'individualisme. Une doctrine qui conclut au mal, avec une effrayante et une impitoyable logique, qui nie la continuité de la fonction humaine à travers le temps et l'espace; une doctrine qui pose dans l'individu son principe et son but, évidemment ne peut engendrer que le mal.

Que dire après cela des théoriciens qui prétendent affirmer le principe chrétien, qui affectent de proclamer Dieu, la création de l'homme, la dualité humaine, l'activité, la liberté et la responsabilité de l'homme, et qui concluent de ce principe à un but individuel, à un égoïsme dans le temps et dans l'éternité (2)? Que dire d'une science qui conclut de l'unité d'origine humaine à la distinction des races et des castes; de l'égalité devant Dieu à l'inégalité devant les hommes? Une science qui nie le but social, qui nie le devoir de réalisation de l'égalité et de la fraternité chrétiennes, qui nie le progrès, est une science

(1) Nous parlons ici des républicains matérialistes.

(2) Nous parlons ici des faux docteurs du catholicisme, des théologiens protestans, des ecclectiques et de tous les spiritualistes inconséquens.

fausse; elle conduit au mal, elle est immorale, elle doit être combattue, humiliée, vaincue.

Et qu'on s'étonne maintenant des anathèmes de l'Église chrétienne, alors qu'elle marchait dans toute sa puissance, sous la sainte bannière du Christ, alors que ses évèques ne transigeaient jamais avec les volontés égoïstes des grands de la terre! Certes elle était saintement inspirée, alors que, dans ses essais de transformation sociale, elle s'écriait: *Hors de l'Église point de salut!* Où en serions-nous, grand Dieu, si Arius eût triomphé, si Pélage eût vaincu? Où en serions-nous, si une seule des innombrables hérésies qui ont assailli l'Église eût obtenu la victoire? Le règne de l'homme-prophète eût remplacé le règne de l'homme-Dieu; Mahomet eût remplacé le Christ; la fatalité, la force matérielle, l'esclavage, eussent régné là où règnent l'esprit, l'activité et la liberté; la fonction de l'humanité eût été niée; le principe de l'inégalité et de l'individualisme eût été affirmé; et les peuples les plus avancés, ceux qui auraient été les premiers à secouer le joug de l'anarchie païenne, seraient ensevelis dans le linceul du judaïsme musulman.

Et qu'on ne nous accuse pas de porter atteinte à la liberté, car plus que personne nous appelons son règne sur la terre; nous la voulons immense, illimitée, sans entraves; nous demandons que l'acte humain soit libre comme la pensée humaine, prompt et facile comme elle; car le champ de l'activité est d'autant plus vaste que la liberté est plus étendue; mais nous affirmons, au nom de la morale, que la liberté est une faculté et non le but de l'activité humaine. Comme but, la liberté est un mal, puisqu'elle conclut à l'individu, à son droit, à son égoïsme. Comme mode d'activité, elle constitue la moralité même de l'acte humain en engageant sa responsabilité. Mais le but de l'activité humaine étant la réalisation de l'égalité et de la fraternité chrétiennes, y concourir devient un devoir, et ce concours nécessite la production d'un acte. Plus cet acte aura été librement produit, plus sa responsabilité sera grande; c'est ainsi que la liberté civile se confond avec le libre arbitre, sans lequel il n'y a pas de morale, sans lequel il n'y a aucune notion de bien et de mal, sans lequel il n'y a aucune certitude. Pour que l'homme agisse, il doit choisir entre le bien et le mal, entre le dévouement et l'égoïsme, entre l'affirmation et la négation de la fonction sociale.

Le choix, quand il est bon, est d'autant plus méritoire qu'il est plus douloureux pour celui qui le fait: le choix, quand il est mauvais, est d'autant plus coupable que l'ignorance aura moins enchaîné la liberté. De là une nécessité immense, celle d'une éducation sociale égale pour tous; de là une nécessité immense, celle d'une liberté illimitée égale pour tous, afin que la responsabilité soit la même pour chacun.

Maintenant, il ne nous reste plus qu'à signaler les adversaires que nous sommes dans la nécessité de combattre, avec lesquels nous ne pourrons jamais faire ni paix ni trève, parce qu'entre eux et nous il y a toute la distance qui sépare le bien du mal, la certitude du doute, le vrai du faux. Ce qui précède fera comprendre ce qui suit.

La philosophie des ecclectiques, association monstrueuse de principes qui se combattent, affirmation de contraires ; n'ayant d'autre principe de certitude et n'ayant d'autre but que le *moi* individuel; conduisant logiquement au mal en lui donnant l'autorité d'un principe ; — le scepticisme, toujours prêt à livrer l'humanité comme Pilate livra le Christ, après s'être lavé les mains; n'affirmant aucun principe ni aucun but social, n'affirmant que l'intérêt individuel, n'ayant d'autre certitude, d'autre *criterium* que l'égoïsme de celui qui doute, et subissant par conséquent la loi du mal ; — le matérialisme impuissant à connaître la fonction de l'humanité; niant le principe de toute certitude, niant Dieu, niant la dualité humaine, niant l'égalité, la liberté et la responsabilité; concluant de l'individu à l'individu, du droit au droit, du mal au mal, de l'égoïsme de l'individu à l'égoïsme de tous les hommes ; appelant par conséquent le règne du mal, de la force, des instincts, etc. ; — le panthéisme matérialiste qui aspire à donner au mal la consécration divine en proclamant la *réhabilitation* de la matière et la sainteté des appétits charnels; le panthéisme mystique qui divinise la personnalité humaine ou l'anéantit; qui place en Dieu le but de l'individu, et nie par conséquent la loi de l'activité de l'homme et de l'humanité ; — tous les théoriciens inconséquens qui, comme dit l'apôtre, appellent *mal le bien, et bien le mal*, qui affirment un principe dans leurs discours et qui le nient dans leur science; ceux qui l'affirment dans leur science et qui le nient dans leurs actes; ceux qui affirment un but dans leurs actes, et qui en nient le principe dans leurs doctrines; — tous ceux qui font œuvre personnelle, égoïste, anti-sociale, immorale; voilà les adversaires que nous sommes déterminés à combattre et à poursuivre sans relâche, sur lesquels nous ne cesserons d'appeler la réprobation de tous les hommes de bonne volonté. Ces adversaires sont aujourd'hui nombreux et puissans. Sachons nous réunir contre eux dans une doctrine commune, sachons nous grouper autour d'un principe de certitude infaillible; sachons proclamer tous ensemble la loi morale devant laquelle nos adversaires eux-mêmes sont forcés de se prosterner, muets et condamnés; sachons reconnaître où est le bien, où est le mal, où est la vérité, où est l'erreur, afin que nous puissions saisir les armes que la morale nous fournit pour en frapper ceux qui l'outragent, pour les combattre dans leurs sentimens, dans leurs doctrines et dans leurs actes; sachons en un mot nous réunir pour faire une guerre intelligente au mal, car partout où le mal aura son droit de cité, le bien sera impossible ou impuissant; la société suivra l'empire de la fatalité, sans direction sainte et forte, au gré des impulsions contraires, et aux acclamations de l'égoïsme. Regardez autour de vous, Messieurs, et voyez.

C'est ainsi que pour nous, élèves de l'école du PROGRÈS, il est un *criterium* infaillible, certain, commandant foi et soumission, à l'aide duquel nous discernons la vérité de l'erreur, parce que pour nous, le bien et le mal ont une signification nette et positive; parce que pour nous, toute doctrine n'est qu'une méthode scientifique, concluant par voie d'inductions logiques, d'un principe vrai ou faux à une pratique sociale bonne ou mauvaise; parce que pour nous, la morale d'un homme ne se manifeste pas seulement par ses actes, mais encore par ses doctrines. Logicien sévère, le philosophe chrétien fouille impitoyablement dans les profondeurs des doctrines qui ont été ou qui sont enseignées dans le monde, pour les forcer à la même logique et pour en faire jaillir les véritables conséquences. Des paroles semées avec adresse ne le subjuguent pas, il sait aller au-delà, il sait, derrière le voile d'un langage équivoque et obscur, sous les dehors d'un appareil scientifique imposant, découvrir la pensée qui s'y tient vigilante et prête à s'épancher; il sait la saisir, la dépouiller des apparences et des contradictions dont elle se pare pour séduire les esprits; il sait séparer ce qui lui appartient de ce qui ne lui appartient pas; et quand il l'a ainsi découverte, saisie et dépouillée, il lui donne un nom, un signe, et il la voue à la réprobation des hommes honnêtes qui alors l'auront connue et jugée. Telle est, Messieurs, la tâche que nous nous sommes imposée et que nous nous efforçons de remplir.

Cette œuvre est ardue, difficile, longue; elle est semée de dégoûts, car elle n'a pas d'assez tendres sollicitudes pour les exigences de l'égoïsme; elle ne donne ni la fortune, ni la puissance, ni la renommée; elle ne peut s'accomplir que dans le silence et dans la retraite. Elle ne peut se montrer à la foule avec l'éclat qui l'éblouit, avec les passions qui l'émeuvent, avec les attraits qui la captivent. Elle réclame, de la part des hommes sérieux et de bonne volonté auxquels nous nous adressons, le même travail, la même persévérance, et disons-le franchement, la même abnégation. C'est l'œuvre d'une foi vive et sincère: elle ne réclame ni n'attend aucune récompense.

Voilà, Messieurs, notre pensée tout entière. Voilà nos sentimens, voilà notre méthode, voilà notre but; voilà en un mot la doctrine que nous professons. C'est à l'aide d'un principe de certitude infaillible, qui est la loi morale, que nous sommes en puissance d'étudier les doctrines et les faits sociaux du passé, avec intelligence et succès; c'est à l'aide de ce principe de certitude que nous sommes en puissance de prévoir et de préparer les doctrines et les réalisations sociales de l'avenir, avec foi et espérance.

Placés à ce point de vue élevé, nous jetons nos regards sur les systèmes scientifiques qui se répandent au milieu de nous. Si le principe qui domine ces doctrines est conforme à la loi morale, nous applaudissons, et nous regardons comme notre devoir d'avertir les auteurs des erreurs de logique qu'ils peuvent n'y avoir pas aperçues. Si le principe qui domine ces doctrines est contradictoire à la loi morale, nous les condamnons, et nous relevons avec une sainte joie toutes les erreurs qui s'y trouvent nécessairement renfermées. Et s'il était possible qu'une doctrine n'affirmât pas un principe et ne conclût pas à une pratique, nous ne l'absoudrions pas pour cela. Nous l'appellerions une œuvre nulle, stérile, une œuvre de pure délectation intellectuelle, et nous la livrerions à sa destinée qui est le néant.

Résumons par quelques affirmations les explications rapides que nous venons de donner :

Toute doctrine, toute science est une méthode à l'aide de laquelle l'esprit humain, après avoir affirmé un principe, en déduit toutes les conséquences.

Toute doctrine, toute science n'est possible qu'à la condition de s'appuyer sur une certitude.

Il n'y a de certitude absolue que celle qui est placée dans la connaissance positive de la loi morale qui est la loi des rapports établis entre l'activité humaine et son instrument qui est l'organisme, entre Dieu et l'homme, entre l'homme et le monde. Cette connaissance est le point de départ de toute conception scientifique.

Or, entre toutes les sciences, il en est une qui est appelée à exprimer plus directement la loi morale et à ne trouver que dans cette loi la solution des problèmes qu'elle pose. Cette science, Messieurs, c'est la psychologie ou la *science de l'activité humaine;* aussi cette science est-elle le terrain sur lequel le bien et le mal doivent nécessairement, et dans tous les temps, livrer leurs combats; c'est aussi le terrain sur lequel nous aimons à descendre pour y appeler nos adversaires.

Vous comprenez maintenant, Messieurs, pourquoi nous avons cru devoir attaquer sérieusement le système phrénologique, quoique nous le jugions peu digne d'obtenir les honneurs d'une polémique sérieuse. Nous avons cru devoir le faire, moins parce qu'il affirme comme des réalités des données physiologiques qui sont fausses, que parce que ce mensonge grossier est mis au service des doctrines matérialistes qui règnent dans les temps mauvais, et dont ce système n'est qu'une nouvelle édition, revue, corrigée et augmentée. Vous comprendrez aussi pourquoi nous nous sommes peu arrêtés, dans l'examen que nous vous adressons, sur les erreurs de fait, connues de tous, faciles à voir, innombrables et incontestables, qui suffiraient seules pour faire rejeter ce système, alors même qu'il ne serait qu'une exposition anatomique. Vous comprendrez enfin pourquoi nous vous adressons cet *Examen*, à vous, Messieurs, qui êtes appelés à faire avancer le règne de la fraternité par la science et par l'influence que vous donnera dans le monde la noble profession que vous allez bientôt y exercer.

Messieurs, veuillez regarder ces pages comme l'expression sincère de nos sentimens, et, à ce titre, les accueillir avec bienveillance.

L. C.

EXPOSÉ

ET

EXAMEN CRITIQUE

DU

SYSTÈME PHRÉNOLOGIQUE.

EXPOSÉ

ET

EXAMEN CRITIQUE

DU

SYSTÈME PHRÉNOLOGIQUE.

La phrénologie doit être considérée sous quatre aspects différens; car : 1° elle proclame un principe général touchant les lois de l'activité humaine; 2° elle appelle à l'appui de ce principe une méthode nouvelle d'investigations et d'inductions psychologiques; 3° elle prétend établir en vertu de ce principe et de cette méthode, une théorie nouvelle des facultés affectives et intellectuelles de l'homme; 4° elle réclame l'application de ses doctrines à l'éducation, à la législation, aux réformes sociales, etc. Telles sont les prétentions sur lesquelles les phrénologistes doivent se montrer unanimes pour mériter ce nom. Tels sont les canons de la doctrine de Gall. Admettre sur une de ces prétentions le doute le plus léger, la contestation la plus timide, c'est rejeter les données fondamentales du système; c'est, en bonne logique, renoncer à prendre rang parmi les partisans de la science phrénologique. En les énon-

1

çant comme nous le faisons, nous sommes loin de les exagérer pour avoir le plaisir de les combattre plus commodément; au contraire, nous les présentons dans leur plus grande simplicité, afin que tous les dissidens de l'école soient portés à les avouer comme le point de ralliement commun. En les formulant ainsi, nous les réduisons à la mesure la plus juste, au dessous de laquelle la phrénologie cesse d'exister. Nous ajouterons au reste que nous traitons la question très sérieusement et avec bonne foi.

PREMIÈRE PARTIE.

Du principe général qui domine le système phrénologique.

En dehors des prétentions qui forment la base du système, il existe des problèmes sur lesquels, disent les phrénologistes, les avis peuvent être partagés, dont la solution est étrangère à la phrénologie, et que chacun d'eux peut envisager et résoudre à sa manière sans que le système soit en péril, sans que le système soit mis en demeure de donner une solution positive et dogmatique, sans qu'il soit responsable des affirmations individuelles, même de celles qui sont émises par la grande majorité des docteurs de l'école. Or, ces problèmes sont très graves; de leur solution dépéndent incontestablement la signification et la valeur des principales données phrénologiques. Il importe de les résoudre dans l'intérêt de la morale et de la science, dans l'intérêt du système lui-même; car nous ne concevons pas une doctrine psychologique dont les partisans croient devoir se récuser quand il s'agit d'agiter le problème de l'activité humaine, et des lois en vertu desquelles cette activité se manifeste; quand il s'agit de résoudre le problème psychologique par excellence, celui dont la solution peut seule donner de la valeur à une méthode de coordination scientifique des penchans et des facultés de notre être moral et intellectuel. Que cette solution soit écartée, et la science psychologique ne sera plus qu'un jeu de notre esprit, pouvant intéresser plus ou moins vivement les amateurs; elle sera sans portée, sans influence, sans résultat, et surtout elle sera fausse et mauvaise.

Une psychologie qui procède ainsi nous semble une tentative étrange et bizarre; bien plus, nous affirmons qu'elle est impossible. Aussi devons-nous interroger les écrits et les discours des phrénologistes, afin de savoir s'ils ne recèlent pas, sous des formules plus ou moins nettes et précises, une solution toute faite, et qu'ils n'osent avouer, de ces grands problèmes psychologiques qu'ils affectent, avec plus d'habileté que de sincérité, de reléguer dans un domaine étranger à leur science. S'il nous arrive de percer le voile qui couvre leurs pensées intimes, et de reconnaître que le matérialisme le plus grossier est au fond de ce mystère, il nous sera permis d'établir que le système a été édifié pour servir de démonstration et d'appui à la solution matérialiste, ou bien que la solution matérialiste en découle logiquement comme une conséquence découle des prémices d'un syllogisme. Dans l'un et dans l'autre cas, il importe de discuter la valeur de cette solution avant de discuter les données scientifiques de l'école, et d'avertir en même temps le petit nombre de phrénologistes qui professent ou semblent professer la doctrine spiritualiste, qu'ils pèchent avec une inconcevable légèreté contre les lois de la logique, puisqu'ils acceptent et cherchent à propager une science qui nie virtuellement le principe qu'ils affirment. Nous insistons sur ce point, afin que nos lecteurs se tiennent en garde contre les réticences équivoques des uns, et contre les candides affirmations des autres, car ils ne doivent pas oublier que le système phrénologique, ainsi que nous le démontrerons, est une négation complète, absolue, non équivoque, des principes que les docteurs de l'école voudraient paraître respecter, par un sentiment de pudeur dont nous leur tiendrions compte, s'il était assez fort pour les empêcher de répandre leurs funestes enseignemens (A).

De toutes les sciences humaines, la psychologie est celle dont les données principales sont le plus intimement liées à la morale, celle par conséquent dont les problèmes demandent le plus impérieusement une solution certaine. Pour tout homme à qui la notion du bien et du mal n'a pas été refusée, pour tout homme qui a compris le but de l'activité humaine et les obligations qui en découlent, les principes généraux de la psychologie doivent être des affirmations positives, simples et incontestables. Elles doivent être comme toutes les vérités de l'ordre moral, aisément établies et aisément acceptées. Si la discussion peut avoir lieu sur le terrain psychologique, elle ne doit avoir pour objet que les questions secondaires, celles qui se rapportent à la détermination plus ou moins exacte, plus ou moins minutieuse, des faits de notre nature affective et intellectuelle, ou aux conditions physiologiques de cette détermination; car en présence de faits aussi nombreux, aussi fugitifs, aussi compliqués, il est difficile de s'entendre et d'arriver à une classification parfaite et déterminée. Heureusement cette précision n'est pas indispensable. Il n'y a de solution nécessaire en psychologie que celle qui enseigne à l'homme les rapports de son activité avec les instrumens à l'aide desquels il est appelé à agir dans le monde. Celle-là est claire, simple; elle repose à la fois sur les enseignemens de la foi et sur les démonstrations de la science; elle est accessible à toutes les intelligences. Voici maintenant les principes généraux qui doivent dominer toutes les recherches, soit physiologiques, soit psychologiques (1) :

L'homme est une activité qui se manifeste à l'aide d'instrumens charnels. La source de cette activité ne saurait être dans ces instrumens eux-mêmes qui ne se meuvent jamais spontanément, qui ont besoin d'être excités pour être mus, dont le caractère est une passivité absolue. Cette affirmation est rigoureusement vraie, psychologiquement et physiologiquement. La phrénologie proclame au contraire que l'activité des organes est la source de toutes les déterminations et de toutes les opérations morales et intellectuelles de l'homme. De plus elle proclame que ces organes étant multiples, divers et indépendans, ayant une activité propre, toutes les manifestations humaines sont la conséquence de ces activités diverses. Ainsi l'activité de l'homme qui est une et identique serait au contraire une succession d'activités diverses, contradictoires, tour à tour en réveil et en repos, dominantes ou do-

(1) Voyez le deuxième numéro de *l'Européen*, p. 45, 49, et le numéro 6, page 172. Nous y avons exprimé et développé les principes que nous énonçons ici.

minées. Ce principe qui affirme la diversité des forces impulsives et qui nie l'unité d'impulsion, est la base sur laquelle repose la méthode et la coordination des phrénologistes. C'est dans ce principe que nous prenons, incontestable et flagrante, la solution matérialiste dont nous avons parlé et qui préside au système.

Les instrumens charnels dont l'homme est doué sont de même nature et ont le même but chez tous les hommes. S'il en est dont l'énergie vitale est plus grande chez les uns, moins grande chez les autres, cette diversité physiologique est réglée d'après un but providentiel qui exige une diversité de fonctions. Mais cette diversité de fonctions ne saurait servir à isoler ceux qui les accomplissent, à les parquer dans leur individualité; elle doit concourir, elle concourt en effet à réaliser une pensée commune. Cette pensée est celle qui préside à l'organisation et à la conservation des sociétés. C'est ce sentiment commun qui appelle des œuvres diverses pour les faire concourir à un but commun; qui aujourd'hui tend à faire disparaître les inégalités consacrées par les lois antérieures au christianisme. Quel est le principe, dans l'homme, qui parvient ainsi à maîtriser les instrumens charnels, à les diriger en vertu d'une loi morale, en vertu d'un désir, en vertu d'une parole? Les instrumens se règleraient-ils eux-mêmes? L'organisme humain serait-il à la fois régulateur et instrument, activité et passivité? S'il en était ainsi, par l'effet de quelle fascination consentirait-il à souffrir, à se combattre lui-même, à se soumettre dans un intérêt qui ne serait pas le sien, conformément à des impulsions qu'il est dans sa loi de repousser, qui lui seraient hostiles, et dans un but qui lui serait étranger? Comment et pourquoi transmettrait-il dans l'humanité, par une voie de dévouement et de souffrances, une continuité d'œuvre et de pensée? L'organisme des animaux dont les parties fonctionnent d'une manière si conforme à celui de l'homme, présente-t-il un semblable phénomène? Chaque vie animale n'emporte-t-elle pas avec elle une solution de continuité, le néant ne suit-il pas toujours la mort? Les animaux d'aujourd'hui ont-ils cessé d'avoir entre eux les mêmes rapports physiologiques qui existaient dans les temps anciens? Les plus forts, les plus rusés, les plus féroces, ont-ils cessé de chercher leurs victimes parmi les plus faibles, les plus doux, les plus stupides? Ont-ils dominé leurs instincts, ont-ils cessé d'obéir fatalement à leurs appétits, d'après les impulsions aveugles et matérielles de leur organisme? Or, les lois de l'organisation sont les mêmes chez l'homme et chez les animaux; chez l'homme comme chez les animaux, les actes de la vie animale sont dominés par des besoins, par des penchans, dont toutes les impulsions sont organiques (1); chez l'homme comme chez les animaux un appareil nerveux est disposé pour établir les relations logiques qui ont lieu entre un désir, une détermination et un

(1) Nous venons rappeler ici la distinction que nous avons établie dans le sixième numéro de *l'Européen*, p. 172, entre les phénomènes de la vie organique et animale et ceux de la vie spirituelle. Toutes les manifestations qui ont lieu en vertu d'excitations extérieures ou organiques appartiennent à la vie animale commune aux animaux et à l'homme. Toutes celles qui ont lieu en vertu d'un enseignement moral rendent témoignage de la vie spirituelle de l'homme et en forment un être radicalement différent des animaux. Chez les animaux, les organes doivent être considérés comme fonctions nécessaires au but de conservation individuelle ou de l'espèce; chez l'homme, ils doivent être regardés comme instrumens d'un but de transformation extérieure.

acte de telle sorte que plusieurs organes correspondans se trouvent, chez l'un comme chez les autres, mis en jeu, automatiquement, fatalement, avec une rapidité prodigieuse, sans que l'animal ou l'homme en ait conscience. Quelle est donc la diversité instrumentale qui existe entre des êtres dont la destinée est si différente? Cette différence dépend-elle, comme le prétend la phrénologie, d'un certain nombre d'organes cérébraux que l'homme posséderait et dont les animaux seraient privés? dépend-elle d'un degré de développement de quelques parties du système nerveux, plus considérable chez l'un que chez les autres? dépend-elle enfin d'une disposition particulière de certaines parties du corps humain? La physiologie nous apprend que ces diversités d'organisation, quelque considérables qu'on les suppose, sont insignifiantes quand il s'agit de connaître les lois de l'activité humaine, d'en expliquer les forces et le but : elle nous apprend au contraire que le nombre et le développement des organes ne les empêchent pas de subir leur condition de passivité commune à tous les instrumens matériels; que ces organes, quelque élevées qu'en soient les fonctions, ne manifestent leur énergie qu'en vertu d'excitations physiologiques, et que leurs mouvemens répondent à ces excitations, aveuglément, fatalement, tandis que l'homme présente des phénomènes de liberté, de spontanéité, de perfectibilité; tandis que l'homme est doué de la faculté de créer, d'inventer et de donner à sa pensée un signe spirituel qui la transmet à l'avenir. Dans le système phrénologique, l'homme est une passivité; il ne se meut qu'en vertu de quelques-unes de ses impulsions organiques; il est une multiplicité, car s'il y a en lui hésitation ou lutte, ce n'est pas lui qui lutte ou qui hésite, c'est un ou plusieurs organes qui se révoltent en lui contre un ou plusieurs organes qui l'impulsionnent avec énergie; quant à *lui*, il n'existe pas, c'est une abstraction qui doit faire sourire les phrénologistes. La volonté humaine est un mot vide de sens, car d'après ce système, il ne doit pas y avoir, dans l'homme, une volonté réelle, libre, pas plus que dans un moulin à vent, dans une montre, ou dans un navire qui fend la mer au gré des vents et des vagues; pas plus que dans un animal dont la condition est d'obéir aux excitations de son organisme. Ainsi, ces diversités d'organisation, fussent-elles aussi grandes que le prétendent les docteurs du matérialisme, et il en est plusieurs qui le sont sans doute, ne changent en rien la loi physiologique qui préside aux fonctions animales; elles ne servent point par conséquent à rendre raison de la vie spirituelle qui distingue l'homme, et qui le place si haut dans la création. Ces diversités d'organisation peuvent donner lieu à quelques modifications, et même à un certain nombre de manifestations diverses dans l'ordre des penchans, des sentimens, des aptitudes; mais les lois qui président à l'organisme resteraient les mêmes, et l'homme en possession de cette supériorité matérielle, ne serait ni plus ni moins que les animaux, destiné à suivre sans discernement, fatalement, les impulsions diverses de la vie animale : il serait comme eux soumis à la loi physiologique qui régit le règne organique.

Ces vérités sont claires comme le jour; quelle puissance humaine est assez forte pour les obscurcir? Il n'y a que le principe du mal qui, intéressé à les nier, puise leur susciter des hostilités; le mal seul se révolte contre elles; il leur oppose une science fausse dans laquelle il s'enveloppe comme dans un manteau pour leur porter ses coups avec plus de sécurité; le mal seul les attaque parce qu'il les hait; il les hait parce qu'elles le marquent au front et le condamnent.

L'homme agit donc librement, en vertu d'une loi qu'il a reçue; en vertu de la notion du bien et du du mal qui lui a été donnée, il se détermine librement et spontanément. Lorsqu'il agit selon les impulsions de son organisme, il manifeste sa nature animale; ce qui ne prouve pas qu'il soit un animal, puisqu'il a la puissance d'agir contradictoirement à ces impulsions, puissance qui constitue la nature humaine, en vertu de laquelle il peut les arrêter, les régler, les satisfaire, leur résister selon le sentiment moral qui est en lui. L'homme éprouve des désirs qui sont tout-à-fait étrangers à son organisme, dont le principe existe, non pas en lui, mais en Dieu qui les lui communique par la révélation, dont le but existe, non pas en lui, mais dans l'humanité. Ces désirs répugnent souvent à son organisme, qui se révolte contre eux; il est forcé de le combattre et de le vaincre, lorsque, en vertu de ces désirs, il veut manifester toute son activité et toute sa puissance. Il crée, il invente des choses nouvelles qui sont contraires au témoignage des sens, qui n'auront leur démonstration scientifique que dans l'avenir, qui ne serviront qu'aux générations futures. S'il est excité à agir par une impulsion organique, il hésite, il délibère; il apprécie, avant de se déterminer, la moralité du but de cette impulsion, et cette appréciation, faite en vertu d'une loi spirituelle, détermine l'acte qui la suit. Il manifeste enfin une activité en vertu de laquelle les organes qui, chez les animaux, sont des forces impulsives, prennent chez l'homme le caractère d'instrumens de transformation extérieure. Cette activité est une, elle n'est pas multiple; elle est identique, elle n'est pas diverse, elle est spirituelle enfin, car elle ne reconnaît aucun organe central destiné à la manifester, de l'aveu même des phrénologistes qui admettent chez l'homme comme chez les animaux, autant d'activités diverses qu'il y a d'organes cérébraux, et autant d'organes cérébraux qu'il y a de forces impulsives primitives. D'après ce système, chaque organe cérébral ou chaque force impulsive serait tour à tour, et selon les circonstances, le directeur aveugle ou éclairé, fatal ou libre, des actes humains (selon Gall) ou bien des organes spéciaux, des forces impulsives spéciales seraient appelées à dominer l'impétuosité de quelques autres organes, de quelques autres forces impulsives (selon Spurzheim). Mais n'anticipons pas; procédons avec méthode; et avant de passer à l'examen de la théorie phrénologique, concluons de tout ce que nous venons de dire: que l'homme est une activité spirituelle destinée à dominer une passivité charnelle, à lui imprimer des mouvemens *à priori;* à régler tous ceux qui se manifesteraient *à posteriori*, et que toutes les aptitudes diverses mises en jeu par des organes sont subordonnées à l'action de l'esprit, afin que l'homme se distingue des animaux en accomplissant librement une fonction humanitaire au sein de la création.

Nous nous bornons pour le moment à ces considérations, car nous aurons à revenir souvent, dans le cours de cet examen, sur ce sujet qui domine toute la doctrine phrénologique.

Maintenant, si nous avions à répondre à cette question : Qu'est-ce que la phrénologie? nous dirions que la phrénologie est un système psychologique qui nie virtuellement et réellement toutes ces vérités en vertu desquelles l'homme se distingue des animaux; que ce système est hostile à la morale ; qu'il est contraire à toutes les données générales de la physiologie; que par conséquent il est mauvais et faux; qu'il est à la fois une immoralité et une erreur ; et que travailler à le combattre, à l'anéantir, est à la fois une œuvre de foi et une œuvre de science.

DEUXIÈME PARTIE.

De la méthode proclamée par le système phrénologique, ou de la cranioscopie et de la cérébroscopie.

Si la phrénologie admettait les principes que nous venons de proclamer, sans doute elle cesserait d'être ce qu'elle est; elle ne serait plus la phrénologie telle qu'on l'a faite ; mais elle pourrait donner son nom à un vaste système de recherches physiologiques et psychologiques qui la distingueraient réellement de tous les systèmes antérieurs; elle pourrait donner son nom à une science réellement nouvelle ; car ces principes lui imposeraient une méthode neuve, inconnue, originale et autrement féconde que celle dont les phrénologistes prétendent avoir enrichi la psychologie moderne. Alors elle imprimerait une puissante impulsion à la physiologie du système nerveux qui, de son côté, ne tarderait pas à lui donner en échange un riche tribut de lumières nouvelles. Comme notre intention n'est pas de dire du système ce qu'il aurait pu devenir, mais seulement ce qu'il est devenu, nous allons examiner les prétentions qu'il proclame, en démontrer le côté vrai et le côté extravagant. La tâche n'est pas difficile : elle serait même très facile si nous n'avions qu'à examiner et à combattre le système lui-même; mais nous avons à lutter contre l'habileté remarquable avec laquelle ceux qui le professent acceptent la discussion. Le bagage scientifique sur lequel il repose est peu considérable; et certainement, si nous n'étions convaincus de la légèreté avec laquelle un grand nombre d'esprits se laissent prendre à de trompeuses amorces, nous terminerions ici notre examen; nous nous engagerions à laisser désormais les phrénologistes se débattre entre eux, au milieu des sophismes et des contradictions sans nombre qui semblent leur servir de remparts contre les recherches consciencieuses qui pourraient mettre leur système en danger. A ce sujet, il est bon que nous donnions à nos lecteurs un avertissement que nous croyons très utile, qui nous servira surtout à dégager la discussion de toutes les subtilités qui l'embarrasseraient, car nous serions dans la nécessité de les prévenir et de les combattre à chaque ligne. Nous entrerons ensuite plus franchement dans le cœur du système.

Tout le monde sait que le système de Gall a fait sa fortune dans le monde à l'aide de la *cranioscopie*, désignation contre laquelle le spirituel possesseur feignait de s'indigner comme ayant été donnée par un public ignorant à ce qu'il appelait la physiologie du cerveau et de ses parties. Sans le secours de cette amorce, jamais le public ne se fût intéressé aussi vivement à une question de physiologie et de psychologie; jamais il n'eût aimé à s'enquérir de détails scientifiques qui sont loin d'être accessibles à un grand nombre d'intelligences. Il est certain que c'est moins par ses travaux anatomiques et physiologiques que par ses prétentions cranioscopiques, que M. Gall a attiré sur lui et sur son système l'attention de tous les curieux. Voici, au reste, pour ceux qui en douteraient, les paroles du maître qui prouvent l'importance qu'il attachait à la cranioscopie, tout en se plaignant de voir son système affublé d'un nom aussi bizarre que comique. « Mon but véritable, écrivait-il en 1798, à M. de Retzer, est de déterminer les fonctions du cerveau en général et de ses parties diverses en particulier; *de prouver que l'on peut reconnaître les différentes dispositions et inclinations par les protubérances et les dépressions qui se trouvent sur la tête ou sur le crâne*, et de présenter d'une manière claire les plus importantes vérités et conséquences *qui en découlent* pour l'art médical, pour la morale, pour l'éducation, pour la législation; et généralement pour la connaissance plus approfondie de l'homme. » On sait l'importance que le laborieux Spurzheim a donnée à la topographie du crâne, et celle que lui donne G. Combes : on n'a qu'à consulter leurs ouvrages pour s'en convaincre : on connaît les applications que les phrénologistes font tous les jours de cette topographie à l'examen des têtes et à l'horoscope moral et intellectuel de ceux qui sont l'objet de cet examen : tout le monde admire l'imperturbable sang-froid de quelques-uns d'entre eux, lorsqu'ils démontrent à la foule émerveillée, sur des crânes nombreux, des protubérances et des dépressions infaillibles, correspondant toujours, sans exception, aux aptitudes ou aux penchans qui ont signalé l'existence des individus soumis à cette épreuve : tout le monde connaît les ingénieuses explications avec lesquelles ils glissent adroitement autour d'un fait palpable qui vient les contredire. Il faut avouer, sans doute, que les disciples sont loin de prêter à leurs démonstrations le charme des spirituelles et malicieuses causeries qui ont puissamment contribué au succès du maître; mais il n'en est pas moins vrai que, de nos jours encore, la cranioscopie est présentée dans les cours et dans les traités de physiologie comme une preuve infaillible, incontestable, matérielle, de la vérité du système, et en quelque sorte comme son expression fidèle et pratique. Ce fait est certain; nous renvoyons au reste ceux qui pourraient en douter au compte-rendu des séances générales et annuelles de la société phrénologique de Paris. Ils verront que les saillies y sont représentées comme l'expression toujours réelle, toujours vérifiée, d'un penchant ou d'une faculté qui auraient été manifestés par des actes éclatans : dépression, là où se trouve l'organe d'une faculté qui aura été peu active; saillie, là où se trouve l'organe d'une faculté qui aura été énergique; telle est l'infaillible règle des comptes-rendus (1). Il est bon de savoir que les phréno-

(1) Nous devons reconnaître que M. Broussais père n'est pas doué de cet aplomb qui distingue en général les démonstrateurs de phrénologie. Nous avons été témoin de son embarras et de sa franche colère, lorsque, dans son cours, il ne trouvait pas aux crânes qu'on lui présentait les saillies qu'il avait annoncées. Toute l'école a été témoin de ces brusques digressions qui venaient alors faire appel à de meilleures observations, et cela en dépit de l'assurance de certains phrénologistes de profession.

logistes prétendent, lorsqu'ils sont embarrassés par des objections sérieuses, qu'il faut une expérience de plusieurs années, une étude longue et suivie, pour que la cranioscopie soit dignement appréciée; or le public qui assiste aux séances générales ou aux cours publics, étant loin d'être aussi habile et aussi exercé, est bien obligé d'admettre ce qu'on lui affirme; il n'ose se fier à ses yeux qui semblent lui dire le contraire, il baisse la tête devant les paroles du maître. Tel est le fait que nous avons vu souvent se produire et dont plusieurs écrits de l'école peuvent témoigner. Eh bien, abordez un phrénologiste, exposez-lui vos doutes sur la réalité des assertions phrénologiques; objectez-lui, à ce sujet (et cela vous sera très facile), des faits qui démentent la cranioscopie, des faits notoires, incontestables, il se hâtera de vous répondre qu'il faut se garder de confondre, comme le fait le vulgaire, la phrénologie avec la cranioscopie; que dans le système de Gall il y a toute une science psychologique; que cette science existe indépendante de la cranioscopie qui n'est en quelque sorte que l'enveloppe grossière du système; et pour peu que vous insistiez, il vous la sacrifiera à la condition que vous accepterez la *cérébroscopie*, par laquelle on substitue à l'examen du crâne celui du cerveau lui-même, toutes choses égales d'ailleurs. Insistez encore (et vous avez beaucoup de raisons pour cela), on vous sacrifiera la cérébroscopie elle-même, à la condition que vous accepterez les données générales de la doctrine (1). Ces principes renfermeraient, en effet,

(1) Ce que nous disons ici n'est pas une assertion gratuite: lisez tous les écrits de l'école qui portent le caractère de la discussion et qui ne sont pas des traités *ex professo*. « Je cherche à faire sentir, dit M. Broussais (rap-

de précieuses vérités, si la solution matérialiste en vertu de laquelle ils sont posés n'entraînait les phrénologistes à affirmer dans les organes cérébraux des *activités* diverses, tandis qu'ils ne sont, dans l'homme, que les *instrumens* divers d'une seule et même activité. Et si, fort de ces concessions, vous venez un jour à les objecter solennellement au système, le système ne les admettra pas, car la phrénologie, vous dira-t-on, n'est pas responsable de ces aveux individuels. Ce fait a lieu non-seulement dans les discussions verbales, mais encore dans les discussions écrites. Il y a deux choses distinctes dans l'école des phrénologistes : l'opinion des disciples, qui peut être variable, douteuse, individuelle, et le système lui-même qui est dogmatique, invariable, certain, et qui ne doit jamais céder. Conciliez maintenant ces affirmations positives du système avec l'empressement des disciples à vous abandonner les faits sur lesquels il repose, à vous sacrifier les assertions de la cranioscopie et même celles de la cérébroscopie! Vous ne concilierez pas ces contradictions, cela est impossible, mais vous les expliquerez facilement; car la phrénologie n'a une existence originale dans le monde que par son côté cranioscopique et cérébroscopique; elle y tient comme un soldat tient à son drapeau; comme un

ports de la phrénologie avec la philosophie), que la phrénologie ne se réduit pas à *l'anatomie* et à une *physiologie grossière* et purement matérielle, ou bien au pur fatalisme, comme le débitent ceux qui n'ont point pris la peine de l'étudier; j'établis au contraire qu'elle touche aux questions les plus sublimes de la morale et de la philosophie, etc. » Lisez les discours de M. Casimir Broussais au congrès historique de 1835; lisez le *Journal de la Société phrénologique;* partout vous verrez le même dédain pour la *physiologie grossière*, et la même prétention d'édifier sur cette physiologie un système positif et certain. Voyez la note B.

honnête industriel tient à son enseigne. Nous savons, à la vérité, que le côté le moins faible du système est indépendant de la question des saillies et des dépressions cérébrales, mais nous savons aussi que si le système admettait le plus léger doute sur cette question, qui est pour lui une question de méthode soit d'observation, soit de démonstration, il cesserait d'exister, puisqu'il ne serait plus qu'une édition revue et corrigée de la coordination psychologique de l'école écossaise, comme le démontre très bien M. Lélut, dans son ouvrage sur la phrénologie (1).

Nous devions cet avertissement à nos lecteurs, afin de leur montrer l'habileté des phrénologistes, en même temps que la fragilité reconnue par eux-mêmes des bases qu'ils veulent obstinément donner à un système qui n'en aurait pas besoin, s'il visait un peu moins à la popularité. Ce qui a lieu à l'égard de la cranioscopie se reproduit dans toutes les questions que la phrénologie permet d'agiter. Les phrénologistes, en tacticiens con-

(1) *Qu'est-ce que la Phrénologie? ou Essai sur la signification et la valeur des systèmes de phrénologie en général et de celui de Gall en particulier*, par M. F. Lélut, médecin surveillant de la division des aliénés de l'hospice de Bicêtre et médecin adjoint de la prison. 1 vol. in-8. Paris, chez Trinquart, libraire-éditeur, rue de l'École-de-Médecine, n° 9.

Nous ne pouvons expliquer que par la manie de prétendre à l'originalité, ce dédain qu'affectent certains phrénologistes pour l'école écossaise, dont la coordination physiologique des facultés est à peu près identique avec la leur. Que celle-ci soit basée sur l'histoire naturelle, tandis que celle-là la néglige, il en résulte une infériorité de moyens pour l'école de Reid, mais le résultat, quant à la coordination, étant le même, les phrénologistes devraient être un peu moins sévères à l'égard de cette école. Gall n'en parle jamais, malgré son érudition. Spurzheim, qui a passé plusieurs années en Ecosse où il a fait plusieurs disciples parmi les élèves de cette école, n'en parle pas davantage. Voici ce que M. Broussais père nous en dit, afin de montrer dans tout son éclat la méthode cranioscopique et cérébroscopique.

sommés, lorsqu'ils sont attaqués directement et individuellement, se retranchent derrière les principes les moins contestés de leur système; ils savent battre à propos en retraite; mais lorsque l'attaque cesse, ils regagnent avec audace les postes les plus avancés, et reprennent leur terrain avec une assurance remarquable.

D'après tout ce que nous venons de dire, il est inutile de discuter maintenant la valeur de la méthode d'observation que proclament les phrénologistes, puisque cette méthode n'est autre chose que la cranioscopie et la cérébroscopie. Nous nous bornerons à indiquer brièvement en quoi consiste la nouveauté de cette méthode, et à signaler les raisons qui la rendent inadmissible, même pour les phrénologistes.

Selon le système (car il n'y a que le système qui parle quand il s'agit d'une affirmation positive), la doctrine qu'il renferme est nouvelle et la seule féconde,

« Les kanto-platoniciens (M. Broussais appelait ainsi il y a quelques années tous les psychologistes qui s'étaient occupés plus de métaphysique que de physiologie), sans savoir ce qu'on pourrait trouver par l'observation de l'homme au moyen des sens, ont voulu flétrir d'avance les fruits de cette observation qu'ils ne pouvaient empêcher. C'est là précisément ce qu'ils s'efforcent d'effectuer aujourd'hui en montrant à côté et plaçant bien au-dessus de l'observation par les sens, une prétendue observation qu'ils appellent *intérieure* et qui, si nous les en croyons, dépasse la première de toutes les hauteurs qui séparent le moral du physique, le ciel de la terre, le sacré du profane.» (*De l'irritation et de la folie*, préface, 1828.) Quelle est en psychologie la méthode d'observation par les sens? C'est la cranioscopie et la cérébroscopie, comme il l'a insinué en 1835 à l'Académie des sciences morales et politiques. Voyez le *Journal de la Société phrénologique*, juillet 1835. Quelle est en physiologie la méthode de l'observation *intérieure*? c'est celle de l'école écossaise. Nous démontrerons dans la troisième partie de cet examen que l'observation intérieure a seule été réellement employée avec succès par les phrénologistes. Nous rapporterons dans une des notes suivantes le passage de M. Lélut où les rapprochemens entre les deux théories sont faits avec beaucoup d'exactitude.

parce que la méthode d'observation et d'induction, jusqu'à lui inconnue en psychologie, lui sert de base et de démonstration. Cette méthode consiste dans l'observation des saillies et des dépressions cérébrales d'un homme ou d'un animal, et dans l'examen des rapports constans de ces saillies et des dépressions avec des aptitudes ou des penchans spéciaux; il en résulte que, si une saillie très prononcée est toujours en rapport avec une faculté dominante, la constance de ces rapports donne lieu à deux découvertes, dont l'une est physiologique et l'autre psychologique : d'un côté, l'organe célébral qui est le siége de cette faculté sera découvert; de l'autre, la faculté elle-même sera reconnue primitive et fondamentale. Or, pour que ces découvertes soient réelles et servent à édifier un système nouveau, il faut que la méthode en vertu de laquelle il existe soit exacte et vraie : ceci est de rigueur. Que dirons-nous donc du système, de sa signification et de sa valeur, si cette méthode est non-seulement inexacte, ainsi que l'avouent les docteurs eux-mêmes, mais complètement fausse, comme il est facile de le démontrer?... Quoi qu'il en soit, cette méthode, puisque le système la proclame, nous devons l'examiner; nous devrions l'examiner quand même les phrénologistes n'y attacheraient eux-mêmes aucune importance, puisque la phrénologie n'existe que par elle, puisqu'elle n'existe qu'à la condition de l'accepter, et puisque, sans cette méthode, le système se perdrait en grande partie dans les systèmes antérieurs, et serait passible des condamnations qu'il porte lui-même sur ces derniers. En effet, toute coordination psychologique des facultés, donnée par les philosophes sans le secours de cette méthode, procède nécessairement de l'observation des faits intérieurs de la conscience, que l'école écossaise signale comme la source de toute coordination psychologique, source contre laquelle les phrénologistes, en tacticiens habiles, dressent toutes leurs plus fortes batteries. Nous verrons au reste que, tout en proclamant une méthode nouvelle, ils ont fort bien su mettre à profit la méthode ancienne; bien plus, ils n'ont rien avancé d'un peu probable qu'ils n'y aient été conduits par la méthode qu'ils décrient le plus, et souvent avec raison. Mais que ceci ne nous empêche pas d'exposer au grand jour les élémens de la méthode phrénologique. Nous croyons devoir au moins les signaler, en nous bornant à des dénégations nettes et positives, que le bon sens des lecteurs nous dispensera de développer.

En effet : 1° la surface extérieure du crâne ne reproduit pas la forme de la surface correspondante du cerveau; — 2° dans l'immense majorité des cas où des saillies et des dépressions sont observées, elles n'ont aucun rapport avec les facultés qu'on prétend leur être correspondantes; — 3° plusieurs circonvolutions cérébrales ne sont pas en contact avec le crâne; elles sont inaccessibles à l'observation cranioscopique; — 4° les circonvolutions cérébrales dont les saillies sont représentées comme l'expression extérieure, ne peuvent être examinées qu'après la mort de l'individu, et lorsque le cerveau a été mis à nu, ce qui rend les observations exactes très rares et très difficiles; — 5° les cirvonvolutions, pour qu'on pût dire qu'elles sont plus ou moins développées, devraient être susceptibles d'une mesure exacte qui ne variât jamais, et qu'il est impossible d'établir en anatomie; — 6° non-seulement l'énergie des facultés n'est pas en rapport constant avec le développement organique des circonvolutions, mais encore cela ne peut pas être; car les circonstances de nutrition, de tempérament, d'éducation, du milieu dans lequel on vit, font que ces facultés sont souvent et nécessairement dans un rapport inverse du développement cérébral; — 7° les circonvolutions elles-mêmes, d'après les travaux anatomiques de Gall sur le cerveau, ne constituent pas des organes, mais des formes superficielles d'organes, des terminaisons d'organes profonds et étendus, dont le développement peut être considédérable sans être sensible et distinct; et ces formes peuvent varier sans qu'elles influent sur la fonction; — 8° plusieurs circonvolutions étant également développées empêchent de distinguer celle dont dépend une faculté plutôt qu'une autre; — 9° les faits pathologiques ne montrent jamais, ou presque jamais, une lésion bornée à une circonvolution; ils ne montrent jamais que la lésion d'un groupe de cirvonvolutions ait été accompagnée d'une altération constante dans les facultés qui dépendent de ce groupe, etc.

Voilà des dénégations bien positives : à des faits avancés nous opposons des faits contradictoires, incontestables, avoués en partie par les phrénologistes eux-mêmes et que tout le monde peut vérifier. Là, se borne notre argumentation, car il serait impossible qu'elle fût sérieuse de notre part. Lorsqu'on fait reposer tout un système psychologique sur des faits dont tout le monde peut apprécier toute la valeur; quand on affirme ces faits avec une assurance qui semble défier les contradictions, et quand on sait très positivement que ces faits sont faux, la discussion est impossible, les dénégations doivent suffire; l'honnête homme doit se borner à dire au système, *mentiris impudentissime*, tout en tenant compte de leur bonne foi aux phrénologistes qui, dans l'expression de leur opinion individuelle, semblent assez disposés à être de notre avis (B).

Telle est la valeur de cette fameuse méthode dont le système se fait un drapeau pour captiver l'attention générale, pour se donner les apparences de l'originalité et de la nouveauté, pour exploiter, tranchons le mot, la curiosité vaniteuse et fainéante des oisifs. Avant de passer à l'examen de la coordination psychologique des facultés établie par l'école, nous allons exposer les principes qui ont présidé à cette coordination. Là nous verrons que la méthode phrénologique n'est venue qu'après la coordination elle-même; qu'elle n'a jamais été employée dans la recherche des principes de cette coordination; qu'elle a été traînée à la remorque toutes les fois qu'elle n'a pas été nécessaire à la popularité du système. Quand elle devient nécessaire au succès, on la proclame hautement, on la présente aux uns comme un résultat scientifique de la doctrine, aux autres comme une méthode nouvelle, infaillible, certaine, comme une véritable boussole psychologique.

Nous devons reconnaître qu'il y a dans les principes généraux de la coordination phrénologique un côté réel et fécond, qui forme à lui seul toute la valeur réelle du système, ce que les phrénologistes savent aussi bien que nous, et qui amènerait des conséquences belles et utiles, si ce qu'il renferme de vrai n'était frappé de stérilité par la solution matérialiste qui préside et aux principes généraux de la coordination, et à la coordination elle-même. La cause de cette stérilité n'est donc pas dans les vices de la méthode dont on ne s'est jamais servi sérieusement, elle est tout entière dans le sentiment qui anime les disciples de l'école, dans leur désir de continuer et de perfectionner l'œuvre de négation du dix-huitième siècle, dans leur complète ignorance du but et des lois de l'activité humaine.

Voici les principes généraux de la coordination phrénologique. Nous citons Gall; car nous devons remonter à la source, afin de connaître la marche du système. Nous verrons comment l'habile professeur a fait intervenir une série de propositions pour établir la cranioscopie sur des bases en apparence bonnes et solides (1).

1° *Des facultés et des penchans sont innés dans l'homme et dans les animaux.* — L'ouvrage de M. Lélut que avons cité est en grande partie destiné à prouver que cette proposition est aussi ancienne que la philosophie, et que les termes seuls sont un peu changés. Les rapprochemens que l'auteur a faits dans cette pensée attestent une érudition et une sagacité remarquables, en même temps qu'ils constituent, selon nous, le principal mérite de son livre. Quoi qu'il en soit, cette proposition de Gall n'avait jamais été développée avec autant de netteté et de précision qu'elle l'a été dans sa *physiologie du cerveau.*

2° *Les facultés et les penchans de l'homme ont leur siége dans le cerveau.* — Ce principe, si nous regardons aux penchans établis par l'école, tels que

(1) Voyez la lettre du docteur Gall, en 1798, à M. Joseph-Fr. de Retzer, sur les fonctions du cerveau. (*Journal de la Société phrénologique de Paris*, avril 1835.)

la bienveillance, l'amour physique, etc., peut souffrir des exceptions; mais le principe est vrai : réduite à des termes généraux, la proposition est une vérité physiologique qui avait été proclamée par plusieurs auteurs, long-temps avant Gall. Nous devons rappeler ici que Gall n'avait aucune notion des manifestations qui constituent l'activité spirituelle dont nous avons parlé, et que, dans l'énoncé que nous faisons des principes généraux, nous devons mettre hors de cause cette activité comme n'étant pas admise dans le système.

3° *Les facultés sont non-seulement distinctes des penchans, mais aussi les facultés entre elles et les penchans entre eux sont essentiellement distincts et indépendans.* — Cette distinction est précieuse en tant qu'elle sert à décomposer les termes généraux qui désignaient et qui désignent encore dans les écoles, des groupes de facultés sous le nom d'imagination, de mémoire, de jugement, de perception, d'attention, de réflexion, et des groupes de penchans sous le nom de vanité, d'ambition, d'amitié, d'envie, de colère, d'instinct poétique, musical, etc. Sur cette distinction reposent tous les efforts de coordination tentés par les phrénologistes et avant eux par l'école écossaise : de cette distinction dépend la connaissance des aptitudes primitives et fondamentales de notre nature animale. Quant à notre manifestation spirituelle, nous l'avons dit, il n'en est pas question dans le système.

4° *Les facultés et les penchans doivent par conséquent avoir leur siége dans des parties du cerveau distinctes et indépendantes entre elles.* — Cette conséquence est logique. Réduite à ces termes, cette proposition, comme les deux premières, avait été établie long-temps avant Gall, ainsi que nous le démontrerons par quelques citations. Au reste, nous ne nions ni n'affirmons cette proposition qnant au siége des facultés, mais nous n'hésitons pas à reconnaître que si ces organes doivent en effet être distincts et indépendans, il doit néanmoins exister une dépendance logique entre les organes nerveux dont la coopération successive et rapide est réclamée par une détermination instinctive ou volontaire.

5° *De la différente distribution des différens organes et de leurs divers développemens résultent des formes différentes du cerveau.* —Ici nous touchons à la cérébroscopie. Nous arrivons insensiblement par voie de déduction à la méthode qui sera bientôt le piédestal du système. Nous n'avons rien à objecter à cette proposition qui est très vague, car nous reconnaissons que la masse générale de l'encéphale peut être modifiée en raison du but, de la nature et de l'intensité des aptitudes fondamentales des animaux et de l'homme; mais rien de précis ne peut être établi à cet égard, touchant la psychologie, et par conséquent la proposition suivante n'a aucune valeur scientifique.

6° *De l'ensemble et du développement d'organes déterminés résulte une forme déterminée soit de tout le cerveau, soit de ses parties, soit de ses régions partielles.* — Evidemment Gall veut arriver à la cranioscopie; il pose cette proposition comme un pont sur l'abîme qui la sépare des propositions qui précèdent. Ici il établit cet axiome si souvent contesté et si souvent démontré faux, *qu'un organe est d'autant plus actif qu'il est plus développé.* Il ne lui reste plus qu'à établir la correspondance de la forme extérieure du crâne avec les développemens de la surface cérébrale. C'est ce qu'il fait dans la proposition suivante.

7° *Depuis la formation des os de la tête jusque dans l'âge le plus avancé, la conformation de la surface interne du crâne est déterminée par la conformation extérieure du cerveau; on peut donc être assuré de certaines facultés et de certains penchans, tant que la surface extérieure du crâne s'accorde avec la surface intérieure, ou bien tant que celui-ci ne s'éloigne pas des déviations connues.* — Nous voici en pleine cranioscopie. Gall ne s'exprime aussi timidement sur les rapports de la surface interne du crâne, que pour prévenir l'objection de l'arcade sourcilière et des sinus frontaux, puisque de tous les points de la surface cranienne il n'y a que ceux-là qui ne soient pas sillonnés d'indications cranioscopiques.

Telle est la marche avouée qu'a suivie le chef de l'école phrénologique. On voit dès les premiers pas qu'il avait en vue la cranioscopie, et qu'il avait soin de la faire venir à la suite d'un cortége scientifique imposant, afin que, derrière elle, les hommes intelligens pussent distinguer une certaine profondeur de vues, et rencontrer quelques travaux plus graves et plus sérieux. Ce procédé ne manquait pas d'habileté. A cette habileté le système doit son existence et sa durée de quarante années. Au public léger, superficiel, curieux, pour qui tout ce qui amuse est une précieuse découverte, le système présente la cranioscopie; aux esprits sérieux qui la dédaignent, il oppose les principes psychologiques comme une conquête indépendante de la cranioscopie : cette tactique est un héritage que le maître a légué à ses disciples, et dont ceux-ci savent faire leur profit avec moins d'esprit, mais avec plus d'assurance. C'est la cranioscopie qui a ouvert à la phrénologie la route du monde, et c'est la cranioscopie dont les docteurs les plus profonds s'inquiètent le moins dans le sanctuaire. L'école phrénologique, comme les écoles de l'antiquité, a deux enseignemens, l'enseignement exotérique destiné au vulgaire, c'est la cranioscopie, et l'enseignement ésotérique, c'est la coordination psychologique.

Voici en quels termes Gall a émis son idée de la méthode psychologique fondée sur la cranioscopie, qui était son idée fixe, d'autant plus fixe, qu'il s'efforçait de la voiler davantage, et qu'il affectait plus de n'y arriver que par une série de travaux et de raisonnemens sérieux. Après avoir exposé les principes généraux que nous venons d'énoncer, il exprime sa pensée sur l'application de ces principes, afin de parvenir à *l'établissement et à la détermination des facultés et des penchans existans par eux-mêmes.* « Comme *je suppose*, « dit-il, un organe particulier pour chacune de nos « qualités indépendantes, il ne s'agit plus que d'établir « quelles sont les qualités indépendantes, afin de sa- « voir quels sont les organes qu'on peut espérer de dé- « couvrir. J'ai rencontré dans cette démarche beaucoup « de difficultés depuis plusieurs années. A la fin, je me « suis convaincu que, pour cela, comme en général pour « toute chose, on va par le chemin le plus court si l'on « met de côté tous les raisonnemens prématurés, et si « l'on se laisse tranquillement conduire par les faits....» Puis, avant d'indiquer les moyens de la méthode d'observation et d'induction *qui lui ont le plus servi dans la détermination de l'indépendance des qualités naturelles*, il indique ceux *par lesquels on découvre le siége des organes*; car c'est surtout par cette découverte que l'autre peut être obtenue. Parmi ces moyens il en cite quatre qui sont les principaux, et qui sont nuls si la cranioscopie est une mystification; il en cite deux qui tiennent à la cérébroscopie, et un septième, le plus important selon nous, qui lui est fourni par l'échelle graduée des espèces animales, de leurs penchans, de leurs facultés et de leur organisation. Voici les quatre premiers sur lesquels pivote toute la méthode cranioscopique. 1° La découverte de certaines protubérances ou de certaines dépressions, lorsqu'il y a des qualités déterminées. 2° L'existence de certaines qualités en même temps que l'existence de certaines protubérances. 3° Une collection de modèles en plâtre. 4° Une collection de crânes. Voici les deux autres qui sont les premiers germes de la cérébroscopie qu'on vante d'autant plus aujourd'hui que la vérification en est plus difficile, puisqu'il faudrait fendre le crâne d'un homme ou attendre sa mort pour pouvoir s'en servir. 5° Phénomènes dans les maladies et dans les lésions du cerveau, et leurs rapports avec les diverses aliénations mentales. 6° Etude comparée de plusieurs cerveaux et de leurs rapports avec les facultés et les penchans déterminés, etc. Quant au 7°, qui est le plus réel, il a feint d'y attacher moins d'importance. Le docteur Gall, qui donne à la cranioscopie une part si grande dans l'établissement et la détermination des penchans et des facultés, s'est indigné de voir sa science appelée de ce nom. « L'objet de mes recherches est le cerveau, dit-« il, le crâne ne l'est que comme une empreinte fidèle « de la surface extérieure du cerveau, et n'est par con-

« séquent qu'une partie de l'objet principal. Cette dé- « nomination est donc aussi défectueuse que serait celle « de faiseur de rimes pour un poète. » Mais si la cranioscopie est de tous les moyens que Gall a proclamés, le plus propre à amener la découverte des organes cérébraux et de leurs fonctions, elle doit former l'objet principal du système, elle doit non-seulement lui servir d'enseigne, mais encore lui servir de base. Et cependant la cranioscopie est une erreur. Tel est le cercle vicieux dans lequel nous voyons tourner la phrénologie.

Si nous avons tant insisté sur l'importance du rôle de la cranioscopie dans le système phrénologique, nous l'avons fait dans le but de montrer que ce système est condamné, pour vivre, à proclamer comme admirable, nouvelle et infaillible, une méthode que les docteurs sont près d'abandonner à la moins sérieuse des objections. Nous avons essayé de dissiper les prestiges que le système cherche à répandre autour de lui, en annonçant une sorte d'horoscope moral et intellectuel qui substitue les phrénologistes aux astrologues, aux tireuses de cartes et aux diseuses de bonne aventure. Il nous importait d'en finir avec la cranioscopie avant d'aborder l'examen de la théorie professée par le système, sur les modes d'action des facultés fondamentales dans les manifestations dites morales et intellectuelles. Cette théorie est tout-à-fait indépendante de la cranioscopie; elle ne doit pas, nous devons le dire, porter le fardeau des erreurs et des mensonges qui pèsent sur la méthode prétendue phrénologique que nous venons d'exposer très rapidement.

TROISIÈME PARTIE.

De la théorie des phrénologistes sur les facultés et leur mode d'action dans les manifestations dites morales et intellectuelles.

Il ne s'agit plus ici d'exposer les principes et la méthode du système, il s'agit d'entrer profondément dans la théorie prétendue psychologique qu'il professe. Cette théorie doit être discutée, jugée avec sévérité, mais avec impartialité : elle renferme des données qui sont vraies, nous devons les signaler; elle en renferme de fausses, nous devons les faire connaître : nous devons surtout empêcher que le système, à la faveur des vérités qu'il a acceptées, ne se glisse furtivement dans les esprits pour y porter ses erreurs.

La théorie psychologique du système repose sur trois questions principales ; ces questions sont : 1° celle de l'innéité des penchans et des facultés; 2° celle de la coordination de ces penchans et de ces facultés; 3° celle du mode d'action de ces forces innées dans la production des déterminations que l'on nomme *entendement* et *volonté*. Chacune de ces questions peut être traitée indépendamment de celles que Gall soulève à tout propos sur les fonctions du cerveau et de ses parties: on peut arriver même à résoudre ces questions sans le secours de la partie physiologique du système, qui n'a pas plus éclairé Gall dans ses recherches qu'elle n'éclairerait nos lecteurs dans notre discussion. Toutefois , comme il n'est aucune théorie psychologique qui ne soit entrée plus ou moins profondément dans le domaine de la physiologie générale, et comme cette dernière science s'est prêtée à toutes les conceptions à l'aide desquelles les psychologistes ont essayé det ormuler leurs observations, il en résulte que nous ne devons pas seulement examiner la théorie des phrénologistes sous le point de vue de l'innéité, de la coordination et du mode d'action des penchans et des facultés, mais encore sous le point de vue des instrumens organiques qui ont été désignés comme servant à la manifestation des phénomènes affectifs et intellectuels. Nous nous trouverons ainsi forcés de revenir à la cérébroscopie et à la cranioscopie : mais, cette fois, nous ne les considérerons plus comme nous l'avons fait dans les pages qui précèdent ; nous leur restituerons la signification qu'elles n'auraient jamais dû cesser d'avoir, et que Gall tenait à leur conserver dans le monde savant. Il ne s'agira plus de les présenter comme les bases de la méthode phrénologique ou comme une enseigne destinée à attirer les passans ; nous n'y reviendrons que pour exprimer les rapports que le système a cherché à établir entre ses données psychologiques et les fonctions cérébrales.

Faisons une citation de l'ouvrage de M. Lélut, qui nous donnera une idée de la manière dont il envisage la phrénologie, en même temps qu'elle nous servira de lien entre ce qui précède et ce qui suit.

« La société, dit l'auteur dans les considérations préliminaires de son livre, a écouté avec une faveur plus qu'indulgente, les absurdités, les extravagances des physiognomonistes et celles de Lavater en particulier, parce que ces prétendues doctrines devaient lui faire juger de l'intérieur par l'extérieur, de l'esprit par le corps, lui faire connaître, en un mot, les dispositions originelles, le talent et l'imbécillité, les vertus et les vices, par les formes particulières du visage et par celles des autres parties du corps. Il ne faut pas non plus chercher ailleurs l'espèce de vogue dont jouit, à son apparition, le système de Gall, lorsque, aux yeux du monde surtout, il n'était encore que de la cranioscopie, et qu'il n'avait guère fait que substituer ses *bosses* aux *traits* de la physionomonie. Plus tard on s'aperçut que ce n'était pas là tout le système; que sa psychologie tendait à établir une meilleure théorie des aptitudes naturelles, des affections et des passions, et enfin de la liberté morale, et à donner, par conséquent, des bases plus solides à l'éducation, à la législation, et à toutes les autres questions de la philosophie appliquée. Et l'attention sollicitée par tant d'utiles conséquences, se porta de la cranioscopie à la phrénologie, des bosses aux facultés où elle est encore et où nous la trouverons lorsqu'il en sera temps (1). »

Nous devons nous hâter de dire ici que la solution matérialiste dont nous avons parlé et que nous démontrerons encore, nous empêche de reconnaître que la phrénologie *tend à établir des bases solides à l'éducation, à la législation et à toutes les autres questions de la philosophie appliquée.* Nous renvoyons à la quatrième partie l'examen des conséquences pratiques, avouées ou non avouées, du système : renfermons-nous aujourd'hui dans le cadre que nous nous sommes tracé: examinons la théorie du système, sans égard au principe dont il émane, sans égard aux conséquences pra-

(1) Ouvrage cité.

tiques qui en découlent, sans égard au costume à l'aide duquel il a cherché à se produire dans le monde.

§ I. — *De l'innéité des penchans et des facultés.*

Gall est bien loin d'être le premier philosophe qui ait conçu et établi ce principe aussi ancien que la science, aussi ancien que la pensée humaine : il a été admis par ceux-là même qui se sont efforcés de fonder une science destinée à le nier. On trouve dans l'ouvrage de M. Lélut, que nous avons cité, un chapitre très étendu, consacré à l'examen de tout ce qui avait été dit avant Gall sur l'innéité des penchans et des facultés; nous y renvoyons ceux de nos lecteurs qui désireraient connaître les essais qui avaient précédé ceux de Gall.

Gall commence par établir les caractères propres de la vie végétative et ceux de la vie animale. Il établit que toute la différence dans les fonctions, chez l'homme et chez les animaux, tient à des différences qui existent dans l'organisme de la vie végétative et dans celui de la vie animale; et il ajoute aux organes que les physiologistes avaient rangés dans la classe des instrumens de la vie animale, les sens internes dont dépendent les impulsions, les penchans et les aptitudes chez l'homme et chez les animaux. Il agrandit le domaine jusque-là trop limité de la vie animale, mais il ne va pas au-delà. Il tombe dès les premières pages de ses ouvrages dans l'erreur que nous avons signalée dans le sixième numéro de *l'Européen* (1), erreur commune à tous les

(1) *Considérations physiologiques sur les élémens et les moyens de l'art.* page 172.

physiologistes, erreur que nous devons combattre de toutes nos forces, au nom de la certitude morale, au nom de la science, au nom de la vérité. A la vie végétative, qui est commune aux plantes, aux animaux et à l'homme, il assigne des fonctions qui sont communes à ces êtres divers; et ces fonctions, il les montre s'opérant en eux également par les lois de l'organisation, par une aveugle nécessité, sans perception, sans conscience, sans volonté. Telles sont, par exemple, la fécondation, l'assimilation, la nutrition, la croissance, les sécrétions, les excrétions, etc. Jusqu'ici, nous n'avons aucune objection à faire : tout le monde était de cet avis long-temps avant que Gall parût.

« Mais, ajoute Gall, l'homme et les animaux jouissent encore de fonctions d'un ordre plus élevé et essentiellement différentes; ils jouissent de la sensibilité; ils perçoivent les impressions extérieures et intérieures; ils ont la conscience de leur existence; ils exercent des mouvemens volontaires, des fonctions des sens; *ils sont doués d'aptitudes industrielles, d'instincts, de penchans, de sentimens, de talens, de qualités morales et de facultés intellectuelles.*

« Aussitôt qu'une ou plusieurs de ces fonctions ont lieu dans un être, il est censé jouir d'une vie animale. Comme on croyait que toutes ces facultés étaient le produit des impressions sur les sens, on la désignait sous le nom de vie de relation ou de vie extérieure (1).

(1) Gall pourrait fort bien se tromper en expliquant ainsi l'expression de *vie de relation, ou de vie extérieure*, adoptée par les physiologistes. Ceux-ci se sont servis indifféremment de cette expression ou de celle de *vie animale*, de *vie sensitive*, pour désigner le même ordre de phénomèmes, c'est-à-dire les impressions extérieures et intérieures, les besoins, les penchans,

« On a donc raison de diviser les parties du corps en organes de la vie végétative et en organes de la vie animale.

« Les lecteurs qui ne sont pas versés dans l'étude de l'histoire naturelle me demanderont, continue Gall, quel est l'organe ou quels sont les organes de la vie animale? Par quels moyens la nature a-t-elle réalisé tous les phénomènes, depuis la simple sensation jusqu'aux qualités morales, et jusqu'aux facultés intellectuelles les plus compliquées?

« Ces moyens, ces organes, sont un appareil tout particulier dont les végétaux et les animaux-plantes sont encore privés, c'est le système nerveux. Les nerfs seuls sont les instrumens de la sensibilité, du mouvement volontaire, des fonctions des sens. Sans système nerveux, point d'aptitude industrielle, point d'instinct, point de penchant, point de sentiment, point de talent, *point de qualité morale* ou de faculté intellectuelle, point d'affection, point de passion.

« Chaque ordre particulier de fonctions de la vie animale est effectué par un système nerveux particulier, par des nerfs particuliers, distincts des autres systèmes nerveux et des autres nerfs. Il y a un système nerveux particulier pour les viscères et les vaisseaux destinés principalement à la vie végétative; il y a un système nerveux, instrument des mouvemens volontaires; il y en a un qui est affecté aux fonctions des sens; enfin,

les sentimens et les passions. Nous demanderons à Gall s'il est un instinct, un penchant, une aptitude qui ne soit destiné à établir un rapport avec le monde extérieur, avec le *non-moi?* Gall nous semble avoir prêté aux physiologistes une pensée qu'ils n'avaient pas, afin de paraître original et neuf en les combattant.

le plus noble chez les animaux et chez l'homme, le plus considérable, le cerveau, a sous sa dépendance tous les autres, *et est la source de toute perception, le siége de tout instinct, de tout penchant, de toute force morale et intellectuelle* (1). »

Voilà un début franc, net et précis. Voilà les plus hautes prérogatives de l'homme à côté de ses instincts les plus grossiers, placées, resserrées entre les limites de la vie animale, ayant avec les instincts animaux une communauté d'origine, une base et une loi communes, celles de l'organisme, celles de la matière organisée : il n'y aura de manifestations diverses que celles qui dépendront du nombre, de la forme, de l'étendue, de l'énergie ou du développement des organes. Voilà comment Gall a résolu la question de l'innéité des penchans et des facultés. Aucune manifestation humaine ne peut avoir lieu sans qu'une excitation organique ne l'ait provoquée, sans qu'un organe spécial dont dépend cette manifestation ne se soit mis en jeu : il n'est aucun sentiment humain qui ne soit excité par les mouvemens physiologiques d'un organe cérébral : l'homme est un animal auquel le créateur a accordé certains sens internes qu'il a refusés ou qu'il n'a donnés qu'en germes aux autres animaux; il n'a aucune faculté qui ne lui soit donnée exclusivement par les organes des sens; il n'est donc pas doué d'une vie spirituelle; sa destinée n'est donc pas unique sur la terre, elle est commune avec celle des animaux.

La question de l'innéité des penchans et des aptitudes ne doit pas être résolue ainsi. De ce que la théorie

(1) *Sur les fonctions du cerveau et sur celles de chacune de ses parties.* 1er vol., pages 23, 24 et 25.

de Gall repose sur des vérités à l'évidence desquelles nous nous rendons avec plaisir, de ce que ces vérités y ont été accueillies et y sont exposées avec netteté et précision, de ce que ces vérités y ont reçu une vie nouvelle qui les a mises à la portée de tous les esprits, devons-nous en conclure que la théorie soit vraie? devons-nous en conclure que toutes les bases en soient également solides, que toutes ses données générales soient exactes? Ces vérités que le système affirme, et qu'il tient toujours en réserve pour les opposer à ceux qui le combattent sérieusement, ne lui appartiennent pas; elles sont des étrangères auxquelles il a bien voulu accorder une hospitalité intéressée; sur lesquelles il a bien voulu jeter le manteau bariolé de la cranioscopie et de la cérébroscopie. Nous combattons le système parce qu'à la faveur des vérités qu'il a recueillies et élucidées, il veut faire triompher un principe mauvais; parce qu'il invoque à l'appui de ce principe tous les secours d'une science fausse: nous le combattons avec d'autant plus de persévérance que les vérités dont il s'est emparé, pour les exploiter au profit de ce principe, servent davantage à faire accepter ses erreurs.

Disons maintenant quelles sont ces vérités, ou plutôt disons quelles sont les approximations vraies de la théorie; nous dirons ensuite les erreurs fondamentales auxquelles ces vérités ont été associées dans l'intérêt du système.

Voici les vérités ou les approximations que le système a acceptées. Les instincts, les penchans, les aptitudes, les talens, toutes les *facultés*, en un mot (cette expression est consacrée par l'école (1)), qui

(1) Nous ne voulons pas aller plus loin sans protester contre cette expres-

ont pour but un acte de conservation, de jouissance, ou de satisfaction individuelle, sont innées ; elles tiennent à l'organisme nerveux central ; elles ont une existence indépendante et des organes indépendans; elles manifestent chez les animaux et chez l'homme des différences qui dépendent de conditions organiques, différences qui ne sauraient être anéanties par l'influence du milieu dans lequel peuvent vivre les hommes et les animaux : ces facultés appartiennent à la vie animale; elles sont par conséquent soumises à la loi qui régit la matière organisée et vivante ; elles ne se manifestent qu'en raison des progrès du développement organique; là où ce développement n'est pas complet, ces facultés sont en puissance, elles existent virtuellement; elles sont innées, c'est-à-dire, elles sont inhérentes à des organes et indépendantes à la sensation; elles sont un témoignage de l'erreur dans laquelle sont tombés la plupart des psychologistes, ceux qui ont placé la source de toute impulsion dans un prin-

sion de *facultés* adoptée sans discernement par les écoles philosophiques. Le mot de *faculté* suppose une liberté; il implique une activité libre, une volonté. Il n'en est pas ainsi des aptitudes, des penchans ou des sentimens. L'homme n'a pas la *faculté* de sentir, mais il a celle de consentir; il n'a pas la *faculté* d'éprouver la faim, il a souvent faim et soif malgré lui; mais il peut se laisser mourir de faim; il n'a pas la *faculté* d'exprimer ses impressions et ses sentimens, par les gestes, par l'accent, par la voix, par la physionomie, etc.; mais il a la *faculté* d'arrêter ou de diriger cette expression instinctive, etc. Comment espérer de voir triompher la clarté et la précision des idées quand le langage philosophique accepte de telles erreurs? Appeler *facultés de l'ame* toutes les aptitudes, toutes les impulsions organiques, n'est-ce pas renouveler cette antique donnée du panthéisme qui regardait les forces matérielles comme les attributs de l'ame universelle, selon cette parole : *l'univers est la manifestation de Brahma?* Nous serons pourtant forcés de nous servir de cette expression, toutes les fois que nous devrons exprimer les idées des écoles dont nous aurons à parler.

cipe spirituel, et ceux surtout qui l'ont placée dans les impressions reçues par les sens extérieurs. En un mot, les animaux et l'homme sont doués de sens internes en vertu desquels ils sont appropriés à des déterminations et à des opérations diverses; chez l'homme, il est des conditions organiques du corps en général et du cerveau en particulier, qui agrandissent le domaine de ces facultés, et qui les rendent plus susceptibles d'être modifiées par l'éducation morale.

Les facultés qui servent à connaître les objets extérieurs, leurs changemens et leurs qualités, telles que les facultés de sentir, de percevoir, celle de l'habitude (ou en langage phrénologique, celle de se souvenir), sont innées; elles tiennent à l'organisme cérébral. Les circonstances extérieures, celles surtout qui appellent l'exercice de ces facultés, peuvent les modifier d'une manière remarquable.

L'entendement et la volonté, ces deux facultés primordiales, admises par les écoles, doivent subir l'épreuve d'une analyse nouvelle. On doit cesser de distinguer par ces mots les faits principaux de notre nature animale. Il en est de même de ceux-ci: Facultés intellectuelles et morales, l'esprit et l'ame, l'intelligence et la sensibilité, la tête et le cœur, ou la pensée et les sentimens (1). Ces expressions sont vicieuses; car d'après l'explication qu'on donne de la volonté, elle est synonyme de *desir*, de *velléité*; souvent elle signifie une détermination instinctive et aveugle; quelquefois elle

(1) *Des facultés de l'homme moral et intellectuel, par Spurzheim*, pag. 14. Nous démontrerons plus tard que les phrénologistes sont tombés dans la même confusion que leurs devanciers, quoiqu'ils n'en aient pas accepté toutes les erreurs.

est une détermination spontanée. La même confusion règne dans la théorie de l'entendement. Elle repose sur ce fait, que la perception des objets extérieurs est la source et le mobile de toute opération intellectuelle et de toute connaissance, tandis que ces opérations sont très souvent sollicitées par des impulsions et par des perceptions intérieures. La plupart des facultés percevantes, qui ont lieu à la suite des impressions reçues par les sens externes, sont indépendantes de l'action de ces organes; ainsi le talent de la musique est indépendant de l'oreille, celui de la peinture ne dépend pas de l'organe de la vue, etc. Ces diverses aptitudes à percevoir et à produire des sons et des couleurs, tiennent à des organes cérébraux, dont l'activité peut varier d'intensité chez les diverses espèces et chez les divers individus. Elles sont innées comme l'aptitude à exprimer les impressions par des gestes et par des accens particuliers, comme l'aptitude à imiter les gestes et les accens des autres, etc. Il en est de même des aptitudes à conserver le souvenir des perceptions, et ces aptitudes peuvent varier selon les dispositions particulières de chacun; ainsi la mémoire des sons et des accords n'est pas la même que celle des évènemens; l'une peut être plus considérable que l'autre chez le même individu, etc.

Voilà les approximations : mais voici maintenant les erreurs.

L'homme est un animal, ou, si vous l'aimez mieux, un être organisé, doué, comme les animaux, ni plus ni moins, de deux ordres de fonctions, de celles qui appartiennent à la vie végétative et de celles qui appartiennent à la vie animale; ou, si vous l'aimez mieux encore, l'*homme ne doit pas être isolé des animaux, car il n'est que la continuation de la chaîne animée* (1). Il n'est aucune détermination qui ne soit excitée par l'impulsion d'un ou de plusieurs organes prédestinés à cette détermination : il n'est aucune opération intellectuelle, instinctive ou morale, qui ne soit sollicitée par une force organique : tous les résultats de l'éducation ne modifient les penchans et les aptitudes qu'en modifiant directement les organes qui en sont le siége (2). Si l'homme a des facultés qui le distinguent des animaux et qui lui donnent le caractère propre de l'*humanité*, ces facultés tiennent à des parties cérébrales que les animaux n'ont point ou dont ils ne possèdent que les germes, et la différence des effets se trouve ainsi expliquée par la différence des causes (3). Si l'homme s'élève jusqu'à la connaissance du bien et du mal; s'il apprécie le mérite et le démérite des actions; s'il recherche la cause et le but des phénomènes; s'il s'élève jusqu'à un Dieu pour adorer, et jusqu'au sacrifice de sa personnalité pour obéir à des lois; s'il a la faculté (ici cette expression est employée dans le sens qui lui appartient) de s'imposer ou d'accepter des

(1) *Analyse d'un cours du docteur Gall. Paris*, 1808, page 19.—*Sur les fonctions du cerveau*, par Gall, tom. I, page 54, 55, etc., et tom. VI, page 423. — *Observations sur la phrénologie*, par Spurzheim, introduction, page xj. — *Rapports de la phrénologie avec la philosophie*, par F.-J.-V. Broussais. — *Journal de la société phrénologique de Paris*, janvier 1835.

(2) *Sur les fonctions du cerveau et de ses parties*, tom. I, page 282, et tom. VI, pages 405, 406, etc. — *De l'irritation et de la folie*, par F.-J.-V. Broussais, pages 209 et suiv.

(3) *Sur les fonctions du cerveau*, tom. I, pag. 74-75.—*Essai phil. sur la nature morale et intellectuelle de l'homme*, par Spurzheim, page 107.

souffrances dans un but étranger à ses intérêts personnels; s'il a la faculté d'exprimer par un signe spirituel, par la parole, les rapports de son activité et son activité elle-même, etc.; ces facultés, selon eux, ne dépendent pas, ainsi que nous le disons, nous, d'un enseignement moral adressé à l'esprit de l'homme, ou de la spontanéité spirituelle qui est en nous; mais elles dépendent d'une prédestination organique (1). Aux erreurs que nous venons de citer, les phrénologistes ajoutent l'hypocrisie; ils répondent aux accusations de matérialisme si bien justifiées par ce que nous venons de dire; « que les organes cérébraux sont, pour ces facultés, comme pour toutes les aptitudes animales, les instrumens de l'ame, qu'ils en sont les instrumens indispensables: » mais lorsqu'on considère l'ame comme n'ayant aucune puissance par elle-même, comme n'ayant pas la faculté d'impulsionner *à priori* ses instrumens, et de leur imprimer son activité, on la réduit à un rôle misérable; on n'en fait plus qu'une formule sans réalité; ou bien elle ne sera plus qu'un mot vide de sens, un préjugé ou un mensonge. Le principe spirituel, d'ailleurs, ne saurait être doué de facultés contradictoires, et en bonne logique il ne saurait être regardé comme actif par les phrénologistes.

(1) *Sur les fonctions du cerveau*, par Gall, tom. I, pag. 74. — *Essai phil. sur la nat. morale et intell. de l'homme*, par Spurzheim, p. 110 et suiv. — *Discours prononcé à la séance annuelle de la société phrénologique de Paris*, le 22 août 1835, par M. F.-J.-V. Broussais; Journ. de la Soc. phr., n° d'octobre 1835, pages 396, 397. — *Rapports de la phrénologie avec la philosophie*, par M. F.-J.-V. Broussais; Journ. de la Soc. phr., janvier 1835, pag. 19. — *Mémoire sur l'association du physique et du moral*, par M. F.-J.-V. Broussais, lu à l'Académie des Sciences morales et politiques; Journ. de la Soc. phr., juillet 1835, pages 271, 272 et suiv.

Ici nous devons nous arrêter quelques instans. Nous devons faire une halte dans les enseignemens philosophiques qui ont tenu le même langage, et qui ont enfermé la psychologie chrétienne dans les étroites limites de la science grecque. Ce reproche ne s'adresse pas seulement aux écrivains profanes et hétérodoxes des temps modernes, mais il s'adresse encore, sous forme de regret, aux écrivains religieux et orthodoxes qui ont répandu leurs enseignemens dans toutes les écoles de l'Europe.

Selon la doctrine chrétienne et selon nous, l'homme est une activité qui a des organes pour instrumens. Ces organes, s'ils ne servent qu'à entretenir une fonction organique ou animale, indépendante de l'activité spirituelle, cessent d'être des instrumens de cette activité, et ne fonctionnent que dans un but de vie individuelle ou animale (1). La loi de cette activité n'est pas la même que la loi de ces organes (2). Les animaux ne vivent qu'en vertu de cette dernière, ils sont doués des deux ordres de fonctions qui dépendent de la matière organisée; ces fonctions se manifestent par des phénomènes de la vie organique ou végétative et par ceux de la vie animale. Les organes chez les

(1) C'est l'esprit qui vivifie; la chair ne sert de rien. *Év. selon saint Jean, chap. VI*, 63.

(2) La chair a des désirs contraires à ceux de l'esprit, et l'esprit en a de contraires à ceux de la chair; et ces deux choses sont opposées l'une à l'autre, de sorte que vous ne faites point les choses que vous voudriez. *Épître de saint Paul aux Galates, ch. V*, 17. — Je vois une loi dans mes membres qui combat contre la loi de mon esprit. *Épître aux Rom., ch. VII*, 23. — L'homme animal ne comprend point les choses qui sont de l'esprit, et il ne peut les entendre parce que c'est spirituellement qu'on en juge. *Ép. aux Corinthiens, ch. II*, 14.

animaux concourent à un but commun de conservation ou de jouissance individuelle. Les organes chez l'homme concourent à un but commun d'action sur le monde extérieur. Cette action sur le monde extérieur est commandée aux organes de la vie animale par l'activité spirituelle qui a seule la faculté de leur imprimer des mouvemens propres à atteindre ce but, qui seule peut désirer, aimer et connaître ce but, qui seule peut diriger, réprimer, contrôler, toutes les impulsions animales dans une pensée conforme à ce but (1). C'est là le véritable caractère de l'*humanité*. Grâce à cette activité spirituelle, l'organisme animal cesse d'être chez l'homme le principe et le but de son existence, il devient un instrument de l'esprit, qui a son principe en Dieu et son but dans l'humanité. Il doit se plier aux exigences de l'esprit qui appelle le triomphe de l'égalité, malgré les inégalités charnelles, et l'unité chrétienne, malgré la diversité des forces matérielles ou animales. Il y a donc deux principes en l'homme, le principe spirituel et le principe animal ou matériel. L'esprit reçoit et transmet par la parole l'enseignement du but de l'activité humaine, il commande à ces instrumens de manifester cette activité dans le monde ; l'or-

(1) Il y a bien diversité de dons, mais il n'y a qu'un seul esprit. — Les dons qui se font connaître au dehors sont donnés à chacun pour l'utilité commune. — Entre tous ces dons ayez plus d'empressement pour les meilleurs. *Saint Paul*, *Ép. aux Corinthiens*, *ch. II*, 4, 6, 31.

Ces citations sont assez claires pour que nos lecteurs partagent notre entreprise, et pour qu'ils se demandent comme nous où M. le docteur la Corbière a pu puiser ses renseignemens, lorsqu'il cite saint Paul parmi les *moralistes* anciens *qui avouent hautement que l'ame se règle toujours d'après l'état du corps*. (V. sa réponse aux objections faites à la phrénologie au sein du congrès historique. p. 21.)

ganisme se révolte; il s'insurge contre l'esprit; il appelle les satisfactions animales, satisfactions qui sont toujours égoïstes, individuelles, qui sont toujours réclamées par un intérêt, soit de conservation, soit de jouissance; il obéit à des lois fatales, et si l'esprit accepte cette fatalité, l'homme devient esclave de sa chair, il n'est plus libre, il cesse de manifester son caractère humain, il montre l'animal. Tous les sentimens qui nous font apprécier, aimer, poursuivre par des sacrifices, un but étranger à nos impulsions animales, une loi que ces impulsions tendent fatalement à anéantir, une œuvre utile à l'humanité, conforme à la loi divine, et contradictoire aux désirs de l'organisme animal; tous les sentimens qui nous dirigent dans nos œuvres de souffrance et d'abnégation, ne sont pas des facultés innées: ces sentimens ne sont représentés par aucun organe cérébral; ils ne sont pas transmis par les impressions des objets extérieurs; ils ont été donnés à notre esprit par la parole révélée, afin que la science et la réalisation de l'égalité et de la fraternité fussent obtenues malgré les résistances de la chair, malgré les oppositions de la science ancienne, malgré les vieilles traditions de l'inégalité et de l'esclavage.

Tels sont les enseignemens du christianisme, tels sont les enseignemens de saint Paul et des premiers Pères de l'Eglise. Mais ces enseignemens ne tardèrent pas à perdre la forme dogmatique que les apôtres leur avaient donnée; et, au lieu de créer une science nouvelle, différant de la science ancienne de toutes les profondeurs qui séparent le principe de l'égalité du principe de l'esclavage, le dogme de la rédemption du dogme de la chute, les philosophes chrétiens recoururent aux doctrines de Platon et d'Aristote, et donnèrent au sentiment nouveau le langage et la forme qui avaient exprimé le sentiment ancien. Ainsi se glissa à travers des terres arides, cachée et souvent méconnue, la source d'eau vive qui avait jailli de l'Evangile et qui devait renouveler le monde. Le sentiment qui était dans les cœurs ne fut pas exprimé dans la science; et tandis que le verbe nouveau opérait déjà une œuvre de transformation chrétienne dans les sociétés, la philosophie le retint dans les langes du passé; le trésor resta enfoui dans la roche.

En effet, la tradition sacrée des Hindous avait dit: L'homme, en tant que créature organisée, est doué de trois instincts ou forces (gounas); ces principes sont le *satwa*, le *radjas* et le *tamas*. Le premier porte à rechercher tout ce qui est bon, vrai ou juste; le second porte à s'attacher aux choses qui ne sont qu'apparentes, il est la source des passions; le troisième porte à l'inertie et à l'assoupissement intellectuel, il représente le Θυμός de Platon, ou les ténèbres. Ces instincts enchaînent l'ame, ils la dominent dans le cours de l'existence corporelle, en raison des mérites acquis dans une vie antérieure. L'homme chez qui le *satwa* domine est heureux; il est doué d'une nature qui le rapproche de celle des Dieux qui possèdent cette qualité et qui ne sont pas soumis au *radjas* et au *tamas*. Il doit ce bonheur aux mérites d'une vie antérieure : s'il est dominé par le *radjas*, il est malheureux, esclave des affections et des illusions, de l'aversion et des désirs. S'il est dominé par le *tamas*, il est incapable de discerner les objets, et distinguer le bien et le mal; il est atteint d'aveuglement; sa nature ressemble à celle des bêtes féroces, des animaux sauvages, des reptiles, des mollusques, des insectes, des végétaux et de la matière inorganique. Ces dernières conditions sont un résultat proportionné aux fautes commises dans une existence antérieure (1). En général, le *radjas* domine chez l'homme et en fait un être intermédiaire entre les Dieux et les animaux.

C'est ainsi que l'innéité organique des penchans et des aptitudes du système phrénologique a été formulée dès les temps les plus anciens, quinze siècles avant Platon. Cette formule représente l'ame comme soumise à trois qualités représentant les forces de l'organisme; ces trois qualités sont la raison, la passion, et l'ignorance ou l'inertie. Ces qualités assignaient à l'homme le rang que lui avait mérité le péché originel des ames; elles consacraient les inégalités sociales qui émanaient du dogme de la chute. Le bon instinct, l'instinct rationnel, le *satwa*, dominait les instincts inférieurs chez les brahmanes (la caste sacerdotale (1). L'instinct passionnel, le *radjas*,

(1) « Que l'homme sache, dit le code de Manou, que l'ame a trois qualités (*gounas*), la bonté, la passion et l'obscurité, *satwa*, *radjas* et *tamas* : c'est douée de l'une de ces qualités que l'intelligence reste incessamment attachée aux substances créées. Lorsque l'une de ces qualités domine entièrement dans un corps mortel, elle rend l'être animé de ce corps éminemment distingué par les moyens de cette qualité. Le signe distinctif de la bonté est la science; celui de l'obscurité est l'ignorance; celui de la passion existe dans le désir passionné et l'aversion; telle est la manière dont se manifestent ces qualités qui accompagnent tous les êtres. » Code de Manou, liv. XII. 24, 40.

Cette doctrine se trouve déjà dans le système *Sankia* dont il est fait mention très honorable dans le code de Manou. Voy. *Essai sur la philosophie Sankia*, par Colebroke.

« L'essence ou la bonté est légère, donnant de l'éclat, désirée; la passion est flottante, vacillante; l'obscurité est pesante, lourde. » Sankya-Karika-13.

(2) Les anachorètes, les dévots ascétiques, les *brahmanes*, les légions de

était tout puissant chez les *kchactrias* (1) et les *vayssias* (la caste des militaires et celle des marchands). L'instinct aveugle et fatal, le *tamas*, prédestinait à toutes les misères de l'esclavage, à toutes les fonctions de la brute, la classe la plus nombreuse des hommes, l'immense caste des *soudras* (2). La liberté humaine était appelée à se manifester par l'accomplissement des devoirs prescrits et par la pratique des œuvres commandées à chaque caste et à chaque fonction. La fidèle observation des prescriptions sociales et religieuses était un signe d'expiation et un titre à une renaissance plus heureuse. Cette renaissance plaçait l'ame dans des conditions meilleures pour obtenir son affranchissement ultérieur ; et ces conditions meilleures n'étaient autre chose que la prédominance d'un instinct supérieur sur un instinct inférieur (C). L'ame, condamnée à entrer dans les corps, devait y trouver des chaînes et des obstacles ; et, à mesure qu'elle s'élevait, par l'exercice de la liberté et par la lutte, dans l'échelle des réhabilitations, elle trouvait dans un organisme nouveau des chaînes moins dures, et des obstacles moins difficiles à vaincre (3).

demi-dieux aux chars aériens, les génies des astérismes lunaires et les daityas, forment le premier degré des conditions de bonté (*satwa*). — *Manava Dharma Sastra*, liv. XII, 48. — La naissance du Brahmane est l'incarnation de la justice, *Man. Dh. Sast.*, liv. XII, 48.

(1) Le roi, les *guerriers* (*kchactrias*), les conseillers spirituels des rois et les hommes très habiles dans la controverse forment l'ordre intermédiaire de la qualité de *passion* (*radjas*). *Man. Dh. Sastras*, liv. XII, 46.

(2) Les éléphans, les chevaux, les *soudras*, les barbares méprisés des lions, les tigres, les sangliers, forment les états moyens procurés par la qualité d'*obscurité* (*tamas*). *Man. Dh. Sast.*, liv. XII 43.

(3) « Les ames douées de la qualité de bonté acquièrent la nature divine ; les ames plongées dans l'obscurité, sont tombées dans l'état des animaux ; celles que domine la passion ont en partage la condition humaine ; telles sont les trois principales sortes de transmigrations. Voy. la note C.

Plus tard, des théologiens s'élevèrent dans l'Inde contre la doctrine de la liberté, contre celle des œuvres et des devoirs sociaux. Ils proclamaient que le *désir de l'ame était la jouissance ou la délivrance.* Ces théologiens enseignèrent aux hommes les moyens de se délivrer des conséquences du péché, et de s'affranchir d'un seul bond en cessant d'agir dans un intérêt social, en cessant de lutter contre les instincts corporels dans un but d'activité sociale: ils conseillèrent aux ames de se soustraire à l'empire fatal de ces instincts qui sont la source de toutes nos douleurs, en cessant tout rapport avec le monde extérieur: ils prêchèrent la science du salut par la connaissance de Dieu, par l'identification avec Dieu, par l'anéantissement des sens, par le silence des organes de la vie animale, par l'inaction absolue, ou par le suicide (1).

A côté de ces théologiens parurent des philosophes qui proclamèrent l'empire des instincts et la vanité des efforts de ceux qui cherchaient non-seulement à s'en délivrer, mais encore à lutter contre leurs impulsions fatales: ils conseillèrent aux hommes de se livrer aux entraînemens des gounas, et de ne se soustraire qu'aux impulsions qui sont accompagnées ou qui peuvent être suivies de souffrances. Ils jetèrent ainsi les premiers germes de la doctrine de *l'intérêt bien entendu* (2).

C'est ainsi que le problème de la dualité fut posé et

(1) Voyez, dans le quatrième numéro de *l'Européen*, notre article sur *les sources du protestantisme chez les Hindous, ou examen comparé des systèmes théologiques orthodoxes*; on y trouve la démonstration de ce que nous avançons ici.

(2) Tels sont les Kcharvakas et les Lôkagatikas. « Les élémens sont la terre, le feu et l'air. De leur agrégation dans les organes corporels résultent la sensibilité et la pensée, comme la propriété enivrante résulte du ferment

résolu, par le protestantisme religieux et philosophique de l'Inde, dans le sens du panthéisme qui anéantit la personnalité humaine, et du matérialisme qui la rend souveraine et irresponsable : c'est ainsi que furent consacrés les principes aristocratiques de l'égoïsme, celui de l'inégalité et de l'esclavage : c'est ainsi que fut proclamé le principe de l'immobilité sociale.

Il ne faut pas s'étonner que les philosophes grecs, héritiers de cette science protestante, se soient renfermés dans le cercle qu'elle leur avait tracé : mais nous devons nous étonner que le dogme de la rédemption ait pu rester dans les limites de cette philosophie ; nous devons nous étonner surtout que les hommes qui poursuivent la conquête de l'égalité cherchent à maintenir ou à faire revivre une science qui en nie le principe.

Il est possible que les philosophes hindous aient regardé ces trois groupes d'instincts organiques comme des substances distinctes ; mais comme ces groupes représentent les penchans et les aptitudes de notre nature, ils peuvent être regardés comme les traces les plus anciennes du principe de l'innéité. Plus tard ce principe a été formulé en d'autres termes, mais de la même manière. Les *ames* raisonnable, sensible et

et des autres ingrédiens.» *Citation des Aphorismes de Vrihaspati par Bhaskara-Atcharya*

« La faculté de penser résulte d'une modification des élémens agrégés, de la même manière que le sucre mêlé avec un ferment et d'autres ingrédiens, devient une liqueur enivrante.... La pensée, la connaissance, le souvenir, etc., sont les propriétés d'une forme ou d'un être organisé.... Aussi long-temps qu'il y a un corps, la pensée existe, ainsi que le sentiment du plaisir et de la peine. Ceux-ci n'existent plus dès l'instant où il n'y a plus de corps, et de là, aussi bien que de la conscience de soi-même, il est conclu que *soi même* (*atman*, ams) et *le corps* sont *identiques*. » *Cit. des comment. de Sankia, par Colebrooke.*

aveugle, vinrent prendre la place du satwa, du radjas et du tamas (D); et lorsque ces trois ames ne furent pas admises comme substances distinctes, lorsqu'une seule ame fut acceptée par la philosophie, cette ame fut regardée comme la source de toutes les manifestations humaines, organiques, animales ou spirituelles: la volonté, les sensations, les perceptions, les penchans, les aptitudes intellectuelles, les fonctions de nutrition elles-mêmes furent considérées comme des attributs du principe spirituel ou classées comme des facultés diverses du même principe (E). De là cette confusion qui a régné depuis Pythagore jusqu'à nos jours, confusion qui règne encore en psychologie, touchant les facultés de l'esprit et les aptitudes de l'organisme animal. On a attribué à l'ame des fonctions qui sont communes aux animaux et à l'homme, à un degré plus ou moins différent; et comme ces fonctions dépendent de l'organisme, et ne reconnaissent d'autre principe que celui de la matière organisée, d'autre loi que celle de la vie animale, le principe de l'activité humaine, dont l'existence n'est pas nécessaire à l'accomplissement de ces fonctions, a trouvé, dans la science, de vives et légitimes contradictions; il a été nié, parce que l'homme, représenté par tous les philosophes comme n'étant doué que d'une vie animale, n'a pas besoin, pour manifester son *animalité*, d'un principe actif et indépendant, survivant à l'organisme, dirigeant les instrumens charnels vers un but étranger à cet organisme, et créant une continuité d'œuvres dans l'humanité. La morale a suivi les destinées du principe; elle a été niée. L'égoïsme et le droit, qui sont les attributs de la vie animale, ont pris la place, dans l'enseignement public, du dévouement et du devoir, qui sont les attributs de la vie spirituelle.

Il est à désirer que la science chrétienne vienne exprimer et développer le principe nouveau, et qu'elle dise :

Comme condition d'existence de l'individu, la vie organique est la première; elle est d'une nécessité impérieuse; elle est commune aux animaux et aux plantes. Elle a été représentée, dans la science ancienne, par les ames végétative, instinctive, irraisonnable, par le *tamas* des Indiens, etc.

Comme condition de sensibilité et de mouvement, au sein des circonstances extérieures et au milieu de nos semblables, la vie animale joue un rôle indispensable; elle est commune aux animaux et à l'homme. Tous les instincts, tous les penchans, toutes les aptitudes, tous les talens, toutes les *facultés*, en un mot, s'il est nécessaire d'employer cette expression, qui servent à satisfaire un besoin animal de conservation ou de jouissance individuelle, appartiennent à la vie animale. L'ensemble de cet ordre de phénomènes a été représenté, dans la science ancienne, par les ames ou les facultés passionnées, sensibles, appétitives, motrices, intellectuelles, etc. L'ame raisonnable elle-même, au moins la plupart des facultés qui ont été assignées à cette ame par Pythagore, par Platon, par saint Augustin, saint Thomas, etc., sont du domaine de la vie animale.

Comme condition de liberté et d'activité pour l'homme, ayant une œuvre à accomplir dans l'humanité, ayant des sacrifices à faire pour faire triompher le principe spirituel de l'égalité, il y a nécessité d'une vie spirituelle. L'homme seul en est doué. La vie organique et la vie animale sont subordonnées à celle-ci; si elles fonctionnent autrement que comme instrumentalités de la vie spirituelle, elles cessent de manifester l'homme. Sans la vie spirituelle, l'unité de but disparaîtrait devant les diversités de penchans et d'aptitudes; l'égalité disparaîtrait devant l'inégalité, le dévouement céderait la place à l'égoïsme, le devoir au droit; l'humanité cesserait d'exister; l'individu, ou des troupeaux d'hommes subsisteraient seuls, avec leurs goûts, leurs penchans divers, avec leurs passions opposées, avec leur égoïsme ou leurs droits, sans but commun, sans sacrifices communs, sans œuvre commune. La loi des instincts, celle des versatilités organiques régnerait seule, et le monde serait le théâtre de la guerre, de la destruction. Les espèces humaines se succéderaient comme les espèces animales, sans laisser rien après elles que la poussière de leurs ossemens. Les révolutions ne seraient plus des œuvres de douleur et de lutte dans lesquelles des générations viennent s'immoler à l'avenir, à l'humanité, à la conquête du but commun; elles ne seraient plus que des changemens dictés par les caprices d'un jour, décidés par la force, et terminés par le triomphe des passions les plus violentes et les plus égoïstes.

Les facultés de l'esprit distinguent l'homme : elles marquent sa grandeur et sa puissance. Or, ces facultés ne sont pas innées; l'ame ne les a pas reçues dans un monde meilleur comme le veulent Platon et les néo-Platoniciens, car l'ame ne préexiste pas à l'homme; elles ne sont pas naturelles, elles ne sont pas représentées par des organes, comme le veulent les phrénologistes; elles ne sont pas le résultat des impressions du monde extérieur, comme le veulent les sensualistes; elles appartiennent au principe de l'activité humaine; elles sont données à l'homme par l'enseignement moral du but commun et de l'œuvre commune.

Les aptitudes instinctives et intellectuelles, qui sont communes à l'homme et aux animaux, sont innées; elles sont naturelles; elles sont représentées par des organes; elles sont régies par les lois de la matière organisée et vivante; elles ne se manifestent qu'en vertu d'excitations physiologiques : elles ne sont donc pas des *facultés* du principe actif, car elles subissent toutes les conditions de la passivité; mais elles sont des aptitudes instrumentales au service de l'esprit qui les nomme, les apprécie, les dirige, les modère, les excite, en vertu de la loi morale qu'il a reçue.

Voilà comment doit être résolue la question de l'innéité des penchans et des facultés. Le système l'a résolue autrement.

Quant à la détermination des organes dont le système fait dépendre chacune de ces aptitudes, nous ne pouvons pas nous en occuper sérieusement. En admettant la pluralité des organes, des sens internes, et en regardant ces organes comme des parties de la masse cérébrale, le système a encore accueilli une vérité reconnue dans les temps les plus anciens (F); il l'a développée, il l'a démontrée d'une manière nouvelle. A cet égard, si nous nous bornons aux généralités physiologiques, qui seules peuvent être admises, le système a été dirigé dans ses démonstrations par les observations ordinaires bien plus que par ses découvertes anatomiques. Nous pouvons même affirmer que ces découvertes peuvent être ou ne pas être, sans que les vérités ou les erreurs du système cessent un instant d'être les mêmes. Comme la plupart des systèmes antérieurs, il s'est élevé à une généralité de l'ordre physiologique; cette généralité il l'a établie avec plus de précision et de clarté : quand il a voulu aller au-delà, il s'est perdu, comme les systèmes antérieurs, dans des erreurs grossières touchant la coordination des facultés et des organes, touchant leur siége et leur mode d'action. En admettant que les aptitudes naturelles et animales dont nous avons reconnu l'innéité existent et se manifestent en vertu d'organes cérébraux, nous devons rappeler qu'il n'en est pas ainsi des véritables facultés de l'homme, de celles qui constituent sa vie spirituelle, sa vie humaine. Ces facultés ne sont pas innées, elles sont données par l'enseignement moral ; ces facultés, nous ne saurions le répéter trop souvent, sont actives; elles sont contradictoires à l'organisation ; elles sont des libertés morales, tandis que celles-ci sont des nécessités organiques ; elles ne s'exercent jamais sans lutte, sans combat, et sans affecter douloureusement la sensibilité animale. Le système subit donc sous ce rapport une condamnation complète. Comme l'école sensualiste dont il a combattu victorieusement de graves erreurs, il a dit : Toutes les manifestations humaines dépendent d'impressions organiques reçues par l'ame : comme le système sankia, il a dit : L'ame humaine est placée sous l'empire des trois ordres d'instincts (*gounas*), qui déterminent toutes ses actions : comme tous les systèmes panthéistes ou matérialistes, il a dit : Ou l'ame n'existe pas, ou, si elle existe, elle n'a d'autre mission ici-bas que d'obéir aux impulsions organiques qui ont le bonheur d'être les plus vives, ou les plus énergiques, ou les plus persévérantes. Les systèmes spiritualistes, tout en acceptant une science fausse, admettaient la réaction du principe actif contre ces impulsions; ils donnaient à la volonté un côté actif et libre, car le sentiment chrétien de la dualité, de la lutte des deux principes, ne pouvait être anéanti par les aberrations de la philosophie. Cette réaction du principe actif, le système ne saurait même l'admettre, puisque là où il y a une manifestation instinctive, intellectuelle ou morale, il signale une cause organique, une fonction physiologique de la vie animale.

Tels sont les enseignemens des phrénologistes touchant l'innéité des penchans et des facultés. Nous les retrouverons dans les tentatives de coordination qu'ils ont faites, et dans la théorie qu'ils ont essayée sur le mode d'action des diverses facultés, et à l'aide de laquelle ils expliquent les déterminations de l'homme. L'erreur ancienne dont ils se sont constitués les interprètes modernes s'y montrera palpable et flagrante.

Examinons maintenant la coordination que le système a établie des penchans et des facultés.

§ 2. — *De la coordination des penchans, des aptitudes et des facultés.*

Le système cesse désormais de se présenter à nous avec l'unité de vues et de sentimens que nous lui avons reconnu jusqu'ici. Une éclatante rupture a eu lieu dans le sanctuaire, et deux sectes en sont sorties, approtant chacune une coordination particulière, apportant chacune une théorie différente sur l'ordre et le mode d'action des facultés. Jusqu'ici nous avons pu parler du système, et généraliser dans cette appellation toutes les prétentions phrénologiques; maintenant nous devrons nommer tantôt Gall, tantôt Spurzheim.

Gall a fait plusieurs essais de coordination. Après avoir décrété tour à tour l'existence et la radiation de quelques facultés; après avoir fait subir aux organes les mêmes vicissitudes, les mêmes déménagemens, il s'est arrêté à la coordination suivante. Il s'élève progressivement des *instincts* aux *aptitudes industrielles*, aux divers *penchans*, aux *sentimens* et aux *talens*. Il désigne l'ensemble des talens sous le nom *de facultés intellectuelles*, et il range les autres catégories sous le titre général de *qualités morales* (1). L'instinct de

(1) Nous avons soin de prendre nos renseignemens dans le dernier écrit de Gall. Si nous voulions faire des plaisanteries, nous remonterions à 1808, et nous signalerions un livre où, parmi les organes communs à l'homme et aux animaux, se trouvent désignés l'organe des mathémathiques, celui de la philologie, celui de la fierté et celui de la bonté. Ces deux derniers sont restés, mais nous ne savons si les deux autres sont encore regardés, dans les derniers livres de Gall, comme des organes communs à l'homme et aux animaux. En 1808 Gall n'avait reconnu que 25 facultés auxquelles il avait assigné des organes correspondans. Il est curieux de voir comment, à l'aide de renseignemens et de réflexions sur les facultés, sur leurs combinaisons et sur leurs modes d'action, il est arrivé à en décomposer plusieurs, tout comme l'aurait fait un psychologue de l'école écossaise, par l'observation intérieure; il est plus curieux encore de voir comment il faisait déménager les organes, comment il les décomposait, ou les biffait de la carte cranioscopique, lorsque l'arrangement des facultés n'était pas à son goût. Le livre de 1808 dont nous parlons est une analyse d'un de ses cours, publiée avec son approbation. Nous sommes étonnés de n'y pas voir l'âne décoré de l'organe de la fermeté, car l'entêtement de cet animal peut être un mode d'action de la fermeté, tout aussi bien que la bienveillance chez l'homme peut être un mode d'action de la douceur chez l'agneau, la chèvre, ou le chameau.

la propagation ouvre la marche. Cet instinct est bientôt suivi d'un autre qui porte l'homme et les animaux à aimer leurs *petits*. L'instinct de l'attachement vient ensuite avec l'organe qui le représente. Suivent l'instinct de la propre défense ou du courage, l'instinct carnassier ou le penchant à la destruction, le sentiment de propriété ou le penchant au vol, la ruse ou la prudence, l'orgueil ou la fierté, la vanité ou l'ambition, la circonspection ou la prévoyance, l'éducabilité ou la mémoire des choses, le sens des localités ou des rapports de l'espace, la mémoire des mots, celle des personnes, le sens du langage, de la parole, ou le talent de la philologie, le sens des rapports des couleurs ou le talent de la peinture, le sens des rapports des tons ou le talent de la musique, le sens de la mécanique, le sens des nombres, celui de la sagacité comparative, l'esprit ou la tendance métaphysique, l'esprit caustique ou de saillie, le talent poétique, le sens moral de la bienveillance ou de la douceur, le talent d'imitation, de mimique ou d'acteur, le sentiment de religion et de Dieu, la fermeté de caractère; total : vingt-sept. Voilà les penchans et les facultés que Gall distingue en dispositions morales et intellectuelles. Ce sont ces dispositions, ces qualités et ces facultés qui font l'ensemble des forces fondamentales de l'ame, des fonctions spéciales du cerveau ; ce sont ces forces qu'il soutient être innées dans l'homme, et en partie dans les animaux, et dont la manifestation est subordonnée à l'organisation ; ce sont ces qualités et ces facultés dont « j'exposerai, a-t-il dit, l'historique de la découverte, l'histoire naturelle, les modifications dans l'état de santé et dans l'état d'aliénation, le siége de l'organe dans le cerveau et de son apparence extérieure sur la tête ou le crâne, etc. (1). »

Cette coordination ne satisfit pas Spurzheim. Il en proposa une nouvelle dans le but de rectifier l'œuvre de celui dont il avait accepté la doctrine. Celle qu'il a proposée est basée sur les mêmes erreurs fondamentales que celles de Gall; mais elle est plus ingénieuse, elle plaît davantage, elle est peut-être un peu moins éloignée de la vérité. Cette classification de Spurzheim établit des distinctions qui en augmentent l'attrait. Il consacre le nom de *facultés* à toutes les manifestations de la vie animale (2). Il distingue deux ordres de facultés : au premier ordre appartiennent les facultés affectives; au second appartiennent les facultés intellectuelles. « La nature essentielle des facultés affectives est d'éprouver un sentiment ou une émotion de l'ame (3). » Parmi ces facultés, il en est qui sont communes aux animaux et à l'homme, et il en est qui sont propres à l'homme. La nature essentielle des facultés intellectuelles est de connaître. Il en est qui servent à recevoir les impressions extérieures; ce sont les cinq sens externes. D'autres font connaître les objets extérieurs et leurs qualités physiques. A ces facultés se joignent celles qui font connaître les relations des objets en général. Celles qui réfléchissent terminent la série des facultés intellectuelles.

(1) *Sur les Fonctions du cerveau*, tom. I, pag. 52.

(2) *Essai philosophique sur la nature morale et intellectuelle de l'homme*, pag. 47.

(3) C'est ainsi que Spurzheim, comme tous les philosophes qui avaient hérité de la science panthéistique, avait fait regarder toutes les forces naturelles comme des facultés de l'ame.

Les facultés affectives communes aux animaux et à l'homme sont au nombre de douze. Les voici selon l'ordre de leur progression : 1° amour physique ou sens de l'amativité; 2° amour de la géniture ou sens de la philogéniture; 3° amour du séjour, ou le sens de l'habitativité (Gall n'avait pas songé à celui-ci (1)); 4° sens de l'attachement, ou affectionivité; 5° sens du courage, ou combativité; 6° sens de la destruction, ou destructivité; 7° sens de la construction, ou constructivité; 8° sens de l'amour de soi, ou convictivité; 9° sens de l'amour du secret, ou secrétivité; 10° sens de la circonspection; 11° sens de l'approbation; 12° sens de l'amour-propre.

Les facultés affectives propres à l'homme sont au nombre de neuf. Les voici : 1° sens de la bienveillance; 2° sens de la vénération; 3° sens de la fermeté; 4° sens du devoir, ou conscienciosité; 5° sens de l'espérance; 6° sens du merveilleux, ou merveillosité; 7° sens de la perfection, ou idéalité; 8° sens de la gaieté; 9° sens de l'imitation.

Les facultés intellectuelles qui font connaître les objets extérieurs et leurs qualités physiques sont au nombre de six. Les voici : 1° le sens de l'individualité;

(1) Cet organe ou ce sens a été troqué par G. Combes contre celui de la *concentrativité*, « car maintenant, dit ce phrénologiste anglais, des obser- « vations encore plus étendues rendent probable que sa fonction consiste en « partie à maintenir dans une activité simultanée et combinée, deux organes, « ou plus, de sorte qu'ils ne soient dirigés que sur un seul objet. » Il paraît que si les phrénologistes sont libres de faire déménager un organe, ils ont aussi la faculté de le dépouiller de ses anciens attributs pour lui en donner un autre, selon leur bon plaisir. Tout cela prouve bien que la méthode prétendue phrénologique, tant vantée et opposée avec tant de fierté à la méthode d'observation intérieure, n'est pas d'un grand secours au système.

2° le sens de l'étendue; 3° le sens de la configuration; 4° le sens de la consistance; 5° le sens de la pesanteur; 6° le sens du coloris.

Les facultés intellectuelles qui font connaître les relations des objets en général sont au nombre de sept. Les voici : 1° le sens des localités; 2° le sens de la numération; 3° le sens de l'ordre; 4° le sens des phénomènes; 5° le sens du temps; 6° le sens de la mélodie; 7° le sens du langage artificiel.

Les facultés intellectuelles qui réfléchissent sont au nombre de deux : le sens de la comparaison et le sens de la causalité.

Total : trente-six facultés représentées par des organes, des sens internes. Parmi ces sens, il en est deux qui n'*existaient que probablement* en 1820; ce sont ceux de la consistance et de la pesanteur. En 1832, ces sens ont été réunis en un seul, qui est le sens de la résistance et de la pesanteur; un des deux organes a été rayé du catalogue en vertu de cette décision.

Il est des manifestations affectives de la vie animale qui n'ont pas eu, dans les classifications de Gall et de Spurzheim, l'honneur d'être représentées par un organe cérébral. Telles sont, par exemple, les impressions de la faim et de la soif. Spurzheim reconnaît que ces besoins devraient être rangés parmi les facultés affectives qui sont communes à l'homme et aux animaux. Mais, dit-il, « les organes qui font éprouver ces sensations existent hors du cerveau; » elles doivent par conséquent être exclues de la coordination phrénologique. Le système est aujourd'hui plus avancé; il a déclaré, par l'organe de M. Georges Combes, que le sens de la faim et de la soif a son interprète organique dans le cerveau. Ce sens, qui est le même que celui de la perception des saveurs, a reçu le nom de sens de *l'alimentivité* (1). Le sens de la perception des odeurs (qu'il ne faut pas confondre avec l'impression des particules odorantes sur le nerf olfactif qui ne fait que transmettre cette impression au cerveau) attend encore son organe spécial. Pour le moment, il est représenté par l'organe de l'alimentivité. Nous ne devons pas renoncer à l'espoir de voir un jour l'organe de l'*olfactivité* avoir une existence indépendante. L'amour de la vie a reçu en 1832 son droit de bourgeoisie dans la physiologie du cerveau : il a été admis parmi les *facultés* fondamentales, ce qui n'arrive jamais sans qu'un organe cérébral ne soit immédiatement appelé à l'honneur de le représenter. Non-seulement cet organe a été découvert et décrit, on a encore trouvé le moyen d'apprécier son volume et son développement sur quelques parties du crâne, malgré la position obscure qu'on lui a assignée (2). En 1835, M. le docteur Imbert a proposé à l'Aréopage phrénologique de Paris l'admission d'un nouvel organe destiné à représenter la faculté de respirer. Cet organe portera le nom de sens de la *respirabilité* (3). Nous attendons impatiemment l'organe cé-

(1) Voyez un mémoire intitulé : *de l'alimentivité*, ou *du sens de la faim et de la soif, comme faculté cérébrale primitive*, par MM. Ombros et Théodore Pentelithe. Journal de la Soc. phrén. de Paris, octobre 1835.

Nous nous étonnons qu'une aptitude percevante soit en même temps une force impulsive. C'est comme si Gall ou Spurzhein avaient dit que la mémoire des mots constitue l'éloquence, que la perception des couleurs ou celle des sons pousse à l'expression musicale, pittoresque, etc. Au reste, cette erreur est précisément celle que nous aurons à reprocher à Gall et à Spurzheim.

(2) Voyez le *Journal de la soc. phrén. de Paris*, avril 1835, pag. 182.

(3) *Lettre du docteur Imbert sur un nouvel organe qu'il propose de*

rébral destiné à la faculté d'exonérer les matières fécales, qui portera probablement le nom de sens de l'*excrémentivité*.

Les phrénologistes sont en général plus disposés à accepter la classification de Spurzheim que celle de Gall. MM. Broussais père et G. Combes l'ont acceptée de préférence. Partout où la coordination psychologique de l'école écossaise avait été accueillie avec faveur, les esprits se trouvèrent disposés à accepter la classification de Spurzheim. Des variantes plus ou moins considérables ont été faites, mais en général cette classification a prévalu.

Examinons maintenant les systèmes psychologiques antérieurs à la phrénologie, sous le point de vue de la classification des *facultés*. Il n'en existe aucun qui n'ait essayé d'établir une série de forces fondamentales destinées à expliquer les faits affectifs, moraux et intellectuels de la vie humaine.

On trouve dans la philosophie sankia et dans le système des védantins, les traces de la plus ancienne classification psychologique. L'ensemble des facultés intellectuelles, comprenant les hautes facultés de la raison, est désigné par le *boudhi* ou l'intelligence. Les facultés intellectuelles, comprenant les faits de perception intérieure, ou les facultés perceptives de Spurzheim, y sont représentées par le *manas*, ou sens interne *qui est un organe tout à la fois de perception et d'action.* (1) Le sentiment du moi, la conscience, la

nommer organe de la respirabilité. Journal de la Société phrén. de Paris, avril 1835.

(1) La même théorie est admise en phrénologie. Ainsi la *faculté* de percevoir les saveurs et les odeurs, est en même temps une *faculté* qui excite à

faculté de percevoir les rapports entre le *moi* et le *non moi*, et de s'approprier ce qui peut être convenable à l'individu, y est représenté par l'*ahankara*. Ces trois *organes internes* sont accompagnés de dix *organes externes*, dont cinq servent aux sensations (les cinq sens externes) et cinq servent à l'action (l'organe de la parole, les mains, les pieds, l'extrémité des organes excrétoires, et l'organe de la génération). « Il y a ainsi, disent ces philosophes, treize instrumens organiques de la connaissance; trois internes, dix externes, assimilés à trois sentinelles et à dix portes. Un sens externe perçoit; le sens interne examine; la conscience fait l'application personnelle, et l'intelligence résoud; un organe externe exécute (1). » Ces fonctions intellectuelles s'exécutent avec plus ou moins de sagesse, car il ne faut pas oublier les prédestinations organiques dont nous avons parlé, et qui font prédominer la bonté, la passion, ou la stupidité (satwa, radjas, tamas). C'est ainsi qu'a été établie dès les temps les plus anciens la distinction de Spurzheim entre les prédispositions ou les impulsions organiques qui affectent l'ame, et les facultés *qui servent à connaître*; entre les facultés qui portent à l'action et celles qui mènent à la connaissance; entre les faits qu'on a assignés à la volonté et ceux qui se rapportent à l'entendement. Les organes de la bienveillance ou de la

manger et à boire; les *facultés* de percevoir la mesure et les accords sont en même temps des *facultés* qui portent à faire de la musique, etc. Pour les phrénologistes comme pour les Sankias, *le même sens est à la fois un organe de perception et d'action*, ce qui est assez difficile à concevoir.

(1) *Essai de Colebroke sur la doctrine de Sankia*, trad. de Pauthier, pag. 17, 18, et 19.

bonté, de la justice, de la vénération, de l'idéalité, etc., étaient représentés par le *satwa*. Ceux du courage, de la circonspection, de la sécrétivité, de l'attachement, de l'amour physique et de l'amour des enfans, ceux de la convoitivité, de l'amour de l'approbation, de l'amour-propre, étaient représentés par le *radjas*, passion, impétuosité, cause de tous les tourmens de notre espèce, développé dans l'homme, moins dans les animaux, et nul chez les dieux. Les sens de la destructivité, les phénomènes instinctifs de l'organisme vivant, ou les fonctions de la vie végétative non perçues par le sentiment interne (manas), et non soumises à la volonté, y étaient désignés par le *tamas* (obscurité, ténèbres, stupidité), très développé chez les animaux inférieurs, chez les mollusques et les insectes, dominant chez certains animaux supérieurs et chez les hommes des castes inférieures, nul chez les brahmanes et chez les dieux. La respiration elle-même s'y trouve rapportée à un pouvoir régulateur distinct des organes qui l'exécutent. Il est de même des autres actes vitaux (1). *Nihil novi sub sole*.

Devons-nous rappeler ici toutes les classifications qui ont été proposées par les philosophes, depuis Pythagore jusqu'aux successeurs de Gall et de Spurzheim? Nous ne pouvons le faire sans sortir des limites qui nous sont imposées par le temps et par l'espace, aussi bien que par le but que nous nous sommes proposé en écrivant cet article. Bornons-nous à dire que la distinction fondamentale entre les forces organiques qui dispo-

(1) La respiration et les autres actes vitaux n'ont pas lieu d'eux-mêmes par une faculté intrinsèque, mais comme étant influencés et dirigés par un pouvoir régulateur. *Essai de Colebroke sur le Védanta*, pag. 184.

sent ou impulsionnent à agir, et celles qui rendent propres à connaître, a toujours existé; qu'elle a été établie plus ou moins formellement par tous les philosophes, par Aristote comme par Platon, par Locke comme par Leibnitz, par Condillac comme par Reid, par Laromiguière comme par Gall, etc. Les premières ont été désignées sous la dénomination générale de *volonté ;* l'ensemble des secondes a été désigné sous le nom d'*entendement*, et les unes et les autres ont été souvent confondues sous le nom d'*idées*. L'étude des facultés de l'entendement et de leur mode d'action a donné naissance à l'idéologie et à la logique; celles des déterminations de la volonté a donné naissance à l'éthique ou à la morale. Chacune de ces forces complexes a été subdivisée en d'autres forces distinctes, plus ou moins simples ou réelles (1). Ces forces ont été considérées comme des attributs de l'ame, tandis que toutes celles qui appartiennent à la vie animale ne sont que des attributs de la matière organisée et vivante. Une grande confusion a régné dans ces coordinations diverses; le résultat le plus déplorable de cette confusion a été d'assigner au principe actif de l'homme tous les caractères de la

(1) Depuis Aristote l'entendement a été présenté comme ayant plusieurs facultés, la sensation, l'imagination, la perception, la mémoire, le jugement, l'attention, etc. A la volonté on a donné pour mobiles le plaisir et la douleur causés par les appétits, les désirs, et par la satisfaction ou la non satisfaction de ces impulsions. Cette théorie enseignée encore dans les écoles rappelle trop le système des Védantins qui présentait l'ame comme étant sous la dépendance des *gounas* et comme n'ayant d'autre but que le bonheur par l'affranchissement des liens du monde. En effet, l'homme, est-il dit dans les traités scolastiques, a été créé pour jouir du bonheur, et pour le chercher *in bonis increatis*. L'ame émue par ce plaisir ou par cette espérance, est-il encore dit, est appelée à ne regarder qu'à Dieu, sans s'occuper des soins de ce monde.

passivité que les philosophes indiens et grecs avaient attribués à l'ame, en vertu du dogme de la chute et conformément aux doctrines du *Védanta*. Cette déplorable erreur, notre école s'engage à la combattre ; elle travaille à assurer au principe actif de l'homme l'empire et la liberté que le Christ est venu lui donner, en le délivrant des liens qui l'avaient enchaîné, en le rachetant de l'esclavage auquel il avait été soumis sous le règne du dogme antérieur. Cet empire et cette liberté de l'esprit ne consistent pas dans le renoncement à toutes les choses du monde extérieur, renoncement égoïste et individuel d'un panthéisme immobilisateur; mais ils consistent dans la lutte, dans l'action, dans le triomphe de l'activité sur les résistances matérielles et organiques, et dans l'asservissement de tous les obstacles qui s'opposent à la conquête de l'égalité et de l'unité humaine. Cet empire et cette liberté doivent se manifester par le travail et par le dévouement au service de l'humanité.

« La compréhension de la psychologie, dit M. Lélut, n'est devenue complète, tous les élémens n'ont été embrassés, que lorsque les psychologistes se sont avisés que les affections et les passions, les vertus et les vices, dont traitent les ouvrages de morale, sont des faits de premier ordre qui demandent, pour leur explication et leur ralliement, des pouvoirs et des facultés également primitives; lorsqu'en un mot les listes de facultés de l'entendement humain ont contenu à la fois, et en regard les uns des autres, les faits moraux et les faits intellectuels, les facultés morales ou principes d'action, et les facultés intellectuelles ou principes de pensée pure ou indifférente à l'action. Cette période décisive pour la vérité de la psychologie, après avoir été préparée par Huarte, Bacon, Shaftesbury, me paraît n'avoir réellement commencé qu'avec Hutcheson. A partir de là, elle n'avait besoin que de développemens, de rectifications et d'additions, et c'est là la tâche que se sont imposée Reid et D. Stewart. Gall n'est venu qu'ensuite, et je dirai, quand il en sera temps, ce qu'il a fait de plus qu'eux. »

Organologie à part, la coordination de Hutcheson, présentée au public en 1755, dans un traité de morale, est à peu près la même que celles dont Gall a donné les élémens un demi-siècle plus tard. Voici comment il a classé les facultés qui portent à l'action et que Spurzheim a nommées affectives. Il établit une classe d'*affections intéressées* auxquelles il rapporte la faim, la soif (l'alimentivité des phrénologistes modernes), le plaisir sexuel (l'amativité), la convoitise (la convoitivité), l'amour des richesses (l'amour de la propriété, penchant au vol), celui de la puissance, celui de la réputation (approbativité et amour-propre de Spurzheim et sens de l'ambition de Gall). Il établit une classe d'*affections malveillantes* qui sont l'envie (qui n'est sans doute qu'un mode d'action de l'approbativité, de la convoitise et de la destructivité, chez les phrénologistes), l'indignation et la colère (modes d'action de la destructivité, selon Spurzheim). Il établit une classe d'*affections bienfaisantes* qui sont : l'amour conjugal (représenté par les phrénologistes par la combinaison de l'affectionnivité, de l'idéalité, et de l'amativité physique), l'amour paternel (philogéniture), la bienfaisance, la pitié (bienveillance et douceur), la sociabilité (sans organe spécial chez les phrénologistes), le penchant à la vénération, d'où la religion naturelle (théosophie et religion selon Gall, vénération selon Spurzheim), enfin le *sens* moral (bienveillance de Gall), désigné à part par Spurzheim sous le nom de sens du devoir, consciencïosité, amour de la justice, distingué de la bonté). Ce sens moral comprend la conscience, la dignité (fierté, Gall; estime de soi, Spurzheim), et *le sentiment de la bienveillance universelle*, qui est appelé à gouverner les autres facultés. Ce sentiment n'est pas naturel à l'homme, il n'existe qu'en vertu d'un enseignement moral; il en est de ce sentiment comme de tous les sentimens moraux, proprement dits, comme du sens moral de Hutcheson, de Reid, de D. Stewart, comme des sens de la *consciencïosivité* de Spurzheim, de la *bienveillance*, de la *théosophie* de Gall, etc., qui ne sont pas naturels à l'homme. Hutcheson a donc, comme tous les philosophes l'avaient fait avant lui et l'ont fait depuis, classé une faculté spirituelle, née de l'enseignement chrétien, contradictoire aux lois de l'organisme qui se révoltent contre elle, au nombre des dispositions innées ou naturelles, au nombre des impulsions affectives. Qu'en est-il résulté?..... Nous avons vu la phrénologie, fidèle à ces antécédens psychologiques, déclarer que l'organe de la bienveillance, si développé chez le mouton et le chevreuil qui lui doivent la douceur qui les caractérise, devient chez l'homme l'organe excitateur de la charité chrétienne (1)!!

(1) « Cet organe, dit Spurzheim, produit la bonté.... On peut le vérifier sur des espèces entières d'animaux et sur les individus de la même espèce. Le chevreuil est doux, le chamois farouche et méchant; le premier animal offre une saillie à l'endroit du crâne où l'autre présente un enfoncement...

A ces facultés Hutcheson ajoute la *curiosité* ou le désir de savoir et de connaître (causalité de Spurzheim, ou esprit métaphysique de Gall); l'*imitation* (imitativité de Spurzheim, mimique de Gall), *l'amour de la grandeur, de la beauté et de la nouveauté* (idéalité, configuration, coloris et merveillosité de Spurzheim); *le goût du dessin* (sens des couleurs de Gall, ceux du coloris et de la configuration de Spurzheim); l'*amour de l'harmonie et de la musique* (sens de la musique de Gall, ceux des temps et des tons de Spurzheim).

Si nos lecteurs désirent connaître toutes les variantes qui furent faites à la coordination de Hutcheson par Hume, Raimarus, Beattie, Ferguson, Hensterhuis, Reid et D. Stewart, ils les trouveront exposées avec tous les détails nécessaires dans l'ouvrage de M. Lélut. Pour nous, nous devons nous borner à faire des rapprochemens entre la classification de l'école écossaise et celle des phrénologistes. Ces rapprochemens ont pour but de donner la dernière évidence à ce que nous avons avancé dans notre premier article sur la stérilité de la méthode tant vantée par les phrénologistes, méthode qui ne leur a rien appris au-delà de ce que l'on savait un demi-siècle avant eux, par les secours ordinaires de l'observation et de la réflexion. Nous désirons beaucoup, par amour pour la justice, que les phrénologistes se montrent moins ingrats envers l'école écossaise dont ils ont accepté la méthode et

Chez les animaux cet organe se borne à une douceur passive; mais chez l'homme il produit la bonté, la complaisance, la miséricorde, l'équité, la piété, l'humanité, la bénignité, la bienveillance, l'hospitalité, la bienfaisance, l'amour du prochain, en un mot, la charité chrétienne.» *Obseivations sur la phrén.*, pag. 191.

presque la classification, et contre laquelle ils ne cessent de s'élever avec une incroyable ténacité (G).

Reid ne se borne pas à classer les facultés affectives de l'homme; il envisage toutes les manifestations de la vie animale; il en forme des groupes dont il résulte la coordination suivante. Reid distingue trois classes de principes d'action, ou de facultés actives : les *principes mécaniques* et les *principes animaux*, qui sont communs aux animaux et à l'homme, et les *principes rationnels* qui sont propres à l'homme. Les principes mécaniques se divisent en *instincts* et en *habitudes;* ils représentent les mouvemens automatiques de la vie animale. Les mouvemens relatifs à l'*alimentation* (alimentivité des phrénologistes), à la *respiration* (la respirabilité des phrénologistes), les *mouvemens* de la station et de la marche, ceux au moyen desquels on rétablit brusquement l'équilibre, ceux par lesquels nous fermons vivement les paupières pour protéger les yeux (non encore représentés dans le système des phrénologistes), sont les instincts, tels que les conçoit Reid. Il est deux dispositions naturelles que Reid regarde comme instinctives, l'*imitation* (imitation de Spurzheim, mimique de Gall), et la *croyance* dont il trouve le principe chez les animaux, et qui peut être représentée par l'éducabilité et la merveillosivité de Gall. L'habitude, selon Reid, donne non-seulement de la facilité, mais encore de l'inclination à agir, et devient ainsi un principe d'action. Le langage articulé, l'art oratoire, sont un fruit de l'habitude.

Les principes animaux d'action se divisent en appétits, en désirs et en affections. Ils forment le fond de la nature animale. Parmi les appétits il range la faim et la soif (alimentivité), l'appétit du sexe (amour physique), le principe d'activité propre aux enfans qui sont sans cesse en mouvement (sans organe chez les phrénologistes); les appétits factices auxquels les phrénologistes n'ont pas songé encore, qui attendent encore un organe excitateur, et qui font rechercher le tabac, l'opium, les liqueurs enivrantes, etc. Parmi les désirs, Reid a rangé le *désir du pouvoir* (mal représenté chez les phrénologistes par les sens de l'orgueil et de la vanité de Gall, par ceux de l'approbativité, de la convoitivité et de l'amour-propre de Spurzheim); le *désir d'estime* (orgueil de Gall, sens de l'amour-propre et de l'approbativité de Spurzheim); le *désir de connaissance* (causalité de Spurzheim, esprit métaphysique de Gall); les désirs factices de l'argent, du luxe, etc. Parmi les *affections*, Reid classe l'*affection paternelle, maternelle et de famille* (l'amour de l'enfant, l'attachement de Gall et de Spurzheim); la *reconnaissance*, la pitié (mode d'action de la bienveillance, selon les phrénologistes); l'*esprit pour la sagesse et la bonté* (mode d'action de la vénération de Spurzheim); l'*amitié* (mode d'action de l'attachement de Gall, de l'affectionnivité de Spurzheim, combinée avec la bienveillance de ces deux auteurs); l'*amour* (mélange d'idéalité, d'affectionnivité et d'amativité physique, selon les phrénologistes); l'*émulation* (mode d'action de l'approbativité et de la destructivité de Spurzheim); le ressentiment ou la colère (mode d'action de la destructivité, selon Spurzheim et Gall).

Les *principes rationnels d'action*, selon Reid, sont l'*intérêt bien entendu*, l'amour de soi, selon D. Stewart: (le côté rationnel de ce principe peut être représenté par la circonspection de Gall et de Spurzheim), et le *sens du devoir* ou la faculté morale (conscienciosité, amour de la justice, sens du devoir, sens de bonté de Spurzheim, sens de la bienveillance de Gall).

Parmi les facultés intellectuelles qui servent à connaître les objets et leurs rapports, Reid signale d'abord les cinq sens externes et les *facultés perceptives* qui s'y rapportent. Il signale ensuite la *conception* ou l'*imagination*, le *goût* de la *nouveauté*, celui de *la grandeur* et de *la beauté* (action combinée de la configuration, du coloris, des perceptions en général, de la merveillosité, de l'idéalité et de l'abstraction); le *jugement* et le *raisonnement* (sagacité comparative de Gall, comparaison de Spurzheim); l'*abstraction* (causalité de Spurzheim, esprit métaphysique de Gall).

D. Stewart, le successeur de Reid, a adopté, à peu près dans les mêmes termes, la coordination de son prédécesseur; les variantes qu'il a faites portent plus particulièrement sur la classification des facultés intellectuelles que sur celles des facultés actives. M. Lélut qui, dans son ouvrage, a recueilli et comparé la plupart des données psychologiques, anciennes et modernes, sur le point de vue de la coordination et du mode d'action des facultés, s'exprime ainsi : « Toutes les facultés instinctives de Gall et de Spurzheim se trouvaient donc déjà dans la psychologie et s'y trouvaient bien étudiées dans leurs phénomènes, dans leurs résultats, sous le nom de besoins, d'instincts, d'appétits, de désirs, de sentimens, d'affections, de passions, de vertus, de vices, de crimes même, toutes impulsions naturelles, communes, dans leur essence au moins, aux animaux et à l'homme, et dont nous avons vu déjà que Hutcheson, Reimarus, Reid, et D. Stewart avaient tenu grand compte dans leurs systèmes de psychologie....... Que dire, après cela, des prétentions de la nouvelle doctrine? Elle vient proclamer une théorie toute nouvelle de l'homme moral et intellectuel, quand tout cela était déjà fait en grande partie par Hume, par Hutcheson, par Reid, et par D. Stewart: introduire une réforme radicale dans l'éducation, dans la morale, dans la législation, et jusques dans la politique, quand l'éducation, la morale, la législation, la politique marchent bien sans la philosophie et souvent même à l'opposé de ses préceptes.......» Nous ne citons pas le reste de ce dernier passage, car nous serions tentés de demander à M. Lélut pourquoi il s'est donné la peine d'écrire son livre. Nous croyons qu'il n'est pas nécessaire de démontrer que la coordination combinée qu'il propose des facultés de Reid et de Spurzheim, comme toutes les coordinations qu'il a fidèlement reproduites dans son livre, est mauvaise et défectueuse; et qu'elle est mauvaise au même titre que toutes les autres, parce qu'elle repose sur le principe de l'innéité de tous les mobiles d'actions, et par conséquent sur le principe de la passivité animale, qui n'est autre chose que le matérialisme ou le panthéisme. Nous étudierons les conséquences logiques qui doivent résulter de toutes ces coordinations diverses qui ne formulent pas nettement les principes certains, absolus, de la dualité humaine, de la libre activité de l'esprit, et de la passivité fatale de l'organisme: nous examinerons les conséquences de ces théories dans le langage, dans l'éducation, dans la morale, dans la législation et dans la politique.

§ 3. — *Du mode d'action des facultés admises par la théorie phrénologique, dans les manifestations dites de l'entendement et de la volonté.*

Nous devons d'abord prier nos lecteurs de ne pas oublier que les erreurs des théories psychologiques sur lesquelles celle de Gall est venue renchérir, reposent sur l'une de ces deux affirmations : Ou toutes les manifestations affectives, morales et intellectuelles de l'homme, sont des facultés diverses de l'ame ; ou bien les manifestations morales, affectives et intellectuelles de l'homme sont des propriétés diverses de l'organisme. Ces deux affirmations sont également fausses. Il est des facultés qui appartiennent au principe actif, elles constituent la vie spirituelle ou morale ; elles sont contradictoires aux forces de l'organisme : celles-ci ne sont pas des *facultés*, mais des besoins ou des aptitudes, elles constituent la vie animale. Aux premières appartient la liberté qui n'est pas une propriété de l'organisme, qui n'est pas innée, qui est l'essence même du principe actif et moral ; aux secondes appartient la fatalité ou l'irrésistibilité, qui est la loi de la matière. Les fonctions animales ne sont donc pas des facultés du principe actif qui est en opposition avec elles ; les facultés morales ne sont donc pas des forces organiques. Telle est la pensée qu'a exprimée saint Paul lorsqu'il a dit : « Je sais que le bien n'habite point en moi, c'est-à-dire, dans ma chair....... Je prends plaisir à la loi de Dieu, selon l'homme intérieur ; mais je reconnais une autre loi dans mes membres qui combat contre la loi de mon esprit, et qui me rend captif sous la loi du péché qui est dans mes membres.» C'est cette lutte sublime de l'activité spirituelle contre les impulsions charnelles qui assigne à l'homme le rang qu'il occupe dans la création. C'est par cette lutte que l'homme s'associe volontairement à l'œuvre et aux desseins de Dieu.

Nous pouvons maintenant aborder la troisième question de la théorie phrénologique.

Indiquer *le mode d'action des facultés*, c'est enseigner les lois de l'activité humaine, c'est par conséquent s'engager à résoudre le plus grand des problèmes psychologiques; aussi regardons-nous cette troisième question comme la plus importante, comme étant, de toutes les questions phrénologiques, celle dont la solution doit montrer à toutes les intelligences la valeur et la moralité du système.

Nous avons déjà, dans les pages précédentes, exposé les principes généraux qui dominent toute la théorie phrénologique sur les lois de l'activité humaine. Nous avons dit que, d'après les phrénologistes, toute détermination humaine procède directement de l'action isolée ou combinée d'un ou de plusieurs organes cérébraux représentant une ou plusieurs facultés fondamentales ou *innées*. Tel est le principe général qui domine le système. Le problème du mode d'action de ces facultés, dans les diverses manifestations affectives et intellectuelles, devient alors facile à résoudre; il suffit pour cela de chercher, pour chacune de ces manifestations, dans la liste des facultés admises, celles dont l'intervention est nécessaire pour les expliquer. C'est un jeu d'imagination qui n'offre rien de difficile; au contraire, nous le regardons comme très divertissant. C'est ce que nous verrons bientôt. Posons auparavant les deux faces du problème phrénologique.

Déterminer par la méthode cranioscopique et cérébroscopique les facultés fondamentales. Cette première partie du système ne doit plus nous occuper. Les lecteurs doivent se rappeler avec quelle indépendance les phrénologistes se sont affranchis de leur méthode prétendue positive, lorsqu'ils ont arrangé les listes des facultés positives que nous avons reproduites dans le paragraphe précédent. *Déterminer par l'observation et par l'induction de quelles facultés primitives dépendent telles et telles manifestations affectives ou intellectuelles ; déterminer quels sont, parmi les faits nombreux de l'ordre affectif et intellectuel, ceux qui dépendent d'une seule faculté et ceux qui résultent de l'action combinée de deux, de trois, ou d'un grand nombre de facultés.* Ces deux termes de la seconde partie du problème phrénologique expriment ce que le système entend par ces mots : *Mode d'action des facultés.*

Nous avons dit que la phrénologie s'était attachée, à la suite de Hutcheson et de Reid, à combattre les doctrines des philosophes anciens et des modernes qui avaient érigé en facultés distinctes des opérations complexes et des déterminations qui ne se manifestent que par l'action combinée de plusieurs forces primitives ou fondamentales. C'est ainsi que l'*attention*, l'*imagination*, la *mémoire*, le *jugement*, la *perception* des philosophes ont été décomposées pour être rapportées à *des modes d'action* des facultés primordiales. C'est ainsi que les diverses affections, que les passions, les désirs et les sentimens, qui ont été énumérés par les philosophes, ont été regardés comme des modes d'action d'une ou de plusieurs facultés primitives. Les lecteurs ne doivent pas oublier cette donnée du système phrénologique, s'ils veulent nous suivre dans l'exposition que nous allons faire des *modes d'action des facultés* admis et enseignés par les docteurs de l'école.

Il est encore un fait sur lequel nous désirons appeler l'attention des lecteurs avant d'entrer en matière. Ils doivent se rappeler que les théories, dites de l'*entendement*, représentent les phénomènes de l'ordre intellectuel, de l'intelligence indifférente à l'action, et qu'elles ont été traitées par les philosophes en dehors, comme leur étant tout-à-fait étrangères, des théories de la *volonté*, représentant les faits de l'ordre instinctif, passionné, sentimental ou affectif. Ils doivent se rappeler que les traités de logique et d'idéologie, qui s'occupent exclusivement des faits de l'entendement et des méthodes de raisonnement, ont été regardés comme n'ayant rien de commun avec ceux de morale ou d'*éthique*, auxquels appartenaient seuls les faits instinctifs ou passionnels désignés sous le nom de volonté. Il y a dans cette séparation deux erreurs dont l'une, plus grave, consiste à isoler les méthodes logiques du principe de toute certitude qui est dans la morale, dont l'autre consiste à étudier séparément des faits qui appartiennent à une science commune, et qui ne peuvent s'expliquer que par leurs rapports mutuels. La première de ces erreurs est une erreur de l'ordre moral; elle n'a pas été aperçue par le système. Nous aurons à nous expliquer à cet égard. La seconde est une erreur de l'ordre scientifique, le système l'a aperçue et il s'est attaché à la combattre. Il a cherché à démontrer que les aptitudes complexes de l'entendement, ainsi que les émotions, les affections, les désirs, les passions, ne sont pas des réalités distinctes, mais qu'elles ne sont que des attributs ou des modes d'action des forces fondamentales (1), que, par conséquent, il n'y a aucune ligne de démarcation légitime entre les faits de l'entendement et ceux de la volonté. C'est ainsi que, sous le titre commun de *physiologie du cerveau et de ses parties*, et plus tard sous celui de *phrénologie*, furent comprises les deux divisions qui jusque-là avaient donné naissance à deux sciences distinctes.

Il y a d'abord une grande différence à signaler entre le *mode d'action des facultés* enseigné par Gall et celui qui a été enseigné par Spurzheim. Cette différence porte surtout sur les faits de l'ordre intellec-

(1) Voici quelques passages dans lesquels Gall exprimait sa pensée à cet égard. Nous citerons bientôt les paroles de Spurzheim. « L'attention, la per-« ception, le souvenir, la mémoire, le jugement, l'imagination ne sont autre « chose que les *divers modes d'exercice d'une faculté fondamentale quel-« conque*. Ils sont essentiels à chacune de ces facultés, quand elles sont gra-« duées jusqu'à la puissance de créer, jusqu'à ce que l'on appelle *génie*. « Quand elles sont faibles, il y a un faible degré d'attention, de perception, « de mémoire, de jugement défectueux, et point d'imagination...... Les « passions sont l'activité très énergique des penchans et des talens. Il y a « passion dans le penchant à la propagation, comme il y a passion dans le « *talent* de la musique..... Les affections sont tout simplement des mo-« difications des divers organes. La douleur, le plaisir, la joie, la frayeur, le « chagrin, la peur, la colère, le désespoir, l'attendrissement, etc., ont lieu « quand certains organes sont affectés d'une manière particulière. » *Physiol. du cerveau*, t. III, pages 134 et 136. Pour Gall les facultés dites de l'entendement, les passions, les affections, les désirs, etc., ne sont autre chose que des *facultés des facultés* qu'on appelle fondamentales, des *attributs* communs aux penchans et aux talens. Nous verrons que Spurzheim s'élève contre cette opinion tout en rayant de la liste des facultés primordiales les facultés dites intellectuelles et morales des auteurs.

tuel qui, après avoir été bannis de l'idéologie pure, avaient besoin d'être rétablis et rangés quelque part. Cette différence entre les deux auteurs, que M. Lélut regarde comme reposant plus sur les mots que sur les choses, nous semble très grande, à nous qui n'oublions pas si facilement les prétentions de la méthode cérébroscopique et cranioscopique que cette dissidence contribue à réduire à leur juste valeur; cette différence nous semble tellement grande et tellement importante, que nous ne saurions concevoir que le système pût exister sans se prononcer pour une des doctrines rivales. Voici ces doctrines: laissons parler M. Lélut.

« Gall avait admis purement et simplement que la *perception*, la *mémoire*, la *réminiscence*, le *jugement* et l'*imagination* sont, comme l'*attention*, des degrés et des modes d'action de toute faculté fondamentale, c'est-à-dire que chaque faculté, de même qu'elle peut *percevoir* les sensations et les idées de l'ordre qui lui est propre, peut aussi en *avoir la mémoire et la réminiscence*, peut *comparer leurs rapports, ou les juger*, peut *inventer* dans l'ordre spécial de son action. Spurzheim accorde bien que la perception, la mémoire, l'imagination, le jugement, ne sont pas des facultés primordiales, mais seulement des modes d'action de ces dernières; mais *il nie que ce soient des modes d'action de toutes*, sans exception. Suivant lui, les *facultés affectives en sont dépourvues*, elles sont, à proprement parler, de simples facultés impulsives, des mobiles d'action *qui n'ont ni perception, ni mémoire, ni imagination, ni jugement*, qui n'ont pas même conscience de leur propre action; ce sont les *facultés intellectuelles qui ont tout cela pour les facultés affectives, et qui l'ont en outre pour elles-mêmes.....»*

En d'autres termes : Gall donne à chacune des facultés quatre *attributs* qui sont : la perception, la mémoire, l'imagination et le jugement ; de telle sorte que les besoins, les instincts, les penchans doivent, en même temps qu'ils poussent à l'action, percevoir, se rappeler, imaginer et comparer les objets et les sensations qu'il est dans leur nature d'appeler. Ainsi l'organe de la faim et de la soif devrait non-seulement exciter l'homme à prendre de la nourriture, mais encore il devrait connaître, se rappeler, comparer et imaginer les saveurs et les odeurs (1). Ainsi les sens de la destructivité ou de la combattivité exciteraient l'homme à détruire et à combattre, en même temps qu'ils auraient la faculté de percevoir, de se rappeler, d'imaginer et de comparer les obstacles, les adversaires, etc.

Spurzheim déclare que, parmi les facultés, il en est qui sont uniquement impulsives, que par conséquent ces facultés ne sauraient percevoir, se rappeler, imaginer, ni juger, et que ces dernières aptitudes appartiennent exclusivement aux facultés qu'il appelle intellectuelles et qu'il distingue, pour cette raison, de celles qu'il a nommées affectives. Mais comme l'homme a la faculté de percevoir, de se rappeler, d'imaginer et de comparer ses propres impressions, Spurzheim a dû trouver dans sa liste des organes cérébraux un sens qui voulût bien se charger de cette besogne. Le *sens des*

(1) Nous devons remarquer que c'est précisément Spurzheim qui a créé l'organe de l'alimentivité qui est à la fois impulsif et percevant, ce qui est en contradiction avec la doctrine qu'il a enseignée et que nous reproduisons ici.

phénomènes a été élu pour remplir cette fonction, en dépit de Gall qui le renferme dans ses premières attributions et ne veut l'accepter que comme le sens de l'*éducabilité* ou de la mémoire des faits. Le sens des phénomènes, ou de l'*éventualité*, n'en est pas moins déclaré par les phrénologistes comme destiné à être à la fois le greffier qui enregistre, l'archiviste qui conserve, le juge qui compare et examine, le poète qui imagine et idéalise, tous les *phénomènes* qui se passent dans l'assemblée des organes intercraniens, sans pour cela renoncer à l'emploi d'annaliste des évènemens qui se passent dans le monde extérieur. Comme tout cela est ingénieux !

Maintenant que nous avons signalé la différence fondamentale des doctrines rivales, touchant les manifestations générales des facultés, nos lecteurs pourront comprendre plus aisément les subtilités de la théorie professée par le système sur le mode d'action des facultés. Exposons d'abord les solutions générales de la phrénologie touchant le mode d'action des facultés dans les manifestations dites *de la volonté*.

« La *vocation*, l'*impulsion*, etc., sont, suivant la phrénologie, dit M. Lélut, le résultat de l'action permanente, sourde et en quelque sorte chronique d'une ou de plusieurs facultés primordiales.

« Le *désir*, c'est le résultat pour ainsi dire aigu du commencement d'action de toute faculté vers son objet, et il est toujours accompagné d'un sentiment de bien-être qu'on nomme plaisir.

« Le *plaisir* et la *douleur* ne sont que le mode le plus général de la satisfaction et de la non satisfaction d'un besoin ou d'une aptitude.

« L'*affection*, c'est un sentiment plus fort et plus caractérisé que le désir et qui résulte de l'action d'une ou de plusieurs facultés. Suivant Spurzheim, c'est surtout un mode d'action des facultés affectives.

« *La passion*, c'est le plus haut degré des affections ou de l'action d'une ou de plusieurs facultés, et surtout des penchans proprement dits, ou du premier ordre des facultés affectives.

« La *volonté* n'est vraiment que le plus haut degré du désir, et elle est d'autant plus forte que les penchans sont plus violens et moins réfléchis. Par conséquent la *liberté est en raison inverse de la volonté* (1), et cette liberté, loin d'être absolue, n'est elle-même dans son plus haut degré que la possibilité qu'a l'homme de choisir la détermination qu'il croit la meilleure d'après tous les motifs qu'il tire de sa raison, soit de l'action des facultés intellectuelles et affectives, soit des agens extérieurs. »

Ainsi, dans le système, la *passion, l'entraînement, l'irrésistibilité et la volonté*, sont la même chose et résultent également d'un mode d'action très éner-

(1) M. Lélut qui est très fidèle dans son exposé, qui n'exagère rien, émet ici l'opinion des phrénologistes avec d'autant plus de sincérité, qu'il aura occasion de se montrer bientôt plus fataliste que le système lui-même. Voici comment il s'exprime quelque part dans son ouvrage : « La volonté s'exerce de bas en haut, depuis les besoins jusqu'aux facultés intellectuelles les plus élevées, et elle ne change pas pour cela de caractère. J'en appelle, à cet égard, à l'expérience personnelle de chacun ; on VEUT de la même façon, tout aussi fort, plus fort même, manger, procéder au coït, défendre sa propriété, sa propre personne, qu'exercer un acte de bienfaisance ou se livrer à la recherche d'un problème scientifique ; on le *veut* et on le fait. » Il s'attache à combattre l'opinion des phrénologistes qui distinguent la *volition* qui l'impulsionne, de la volonté qui *veut* ; en cela M. Lélut se montre plus conséquent avec les principes du système que les phrénologistes eux-mêmes, qui n'ont pas toujours le courage d'être conséquens.

gique, d'un ou de plusieurs organes provocateurs.

Passons maintenant à l'examen des solutions phrénologiques touchant les modes d'action des facultés dans les opérations dites de l'entendement.

« *L'attention*, dit Spurzheim, ne peut être une seule et même faculté, car celui qui la posséderait devrait être capable de l'appliquer à toutes sortes d'objets..... L'attention résulte de l'état actif de toutes facultés intellectuelles, soit par sa propre force, soit lorsqu'elle est excitée par des impressions extérieures, ou par une ou plusieurs facultés affectives. Il résulte qu'il y a autant d'espèces d'attentions qu'il y a de facultés intellectuelles..... En général les facultés intellectuelles agissent avec plus d'énergie quand elles sont excitées par les sentimens que quand elles sont abandonnées à leurs propres forces; mais c'est de leur activité seule que naît cet état de l'ame qu'on appelle attention. »

Ainsi, l'attention, selon Spurzheim, n'est autre chose qu'un surcroît d'activité d'une faculté, ou, en d'autres termes, d'un organe cérébral de l'ordre qu'il appelle intellectuel. D'après Gall, l'attention, comme la volonté, est un surcroît d'activité de toute faculté.

« La *perception*, dit Spurzheim, n'exprime pas une faculté primitive, comme des philosophes se le sont imaginé, car il y a plusieurs espèces de perceptions, qui ont lieu indépendamment les unes des autres, sans qu'il y ait de proportion entre elles..... Il y a autant d'espèces de perceptions qu'il y a de sortes d'impressions.....

« Il me semble que les facultés affectives n'ont pas la perception de leurs propres irritations..... Le *sens des phénomènes* en a une connaissance éclairée; combiné avec les *sens de la comparaison et de la causalité*, il détermine les espèces de perceptions intérieures comme celles des perceptions extérieures.....

« Les facultés affectives ignorent aussi les objets de leur satisfaction : la faim ne connaît pas les alimens, ni le courage son adversaire, ni la circonspection l'objet de sa crainte, ni la vénération l'être auquel elle s'adresse, etc. » Gall prétend que Spurzheim a tort de parler ainsi. Cette dissidence est un des points de leur polémique tant soit peu acrimonieuse (G).

Ainsi la *perception* n'est autre chose qu'un mode d'action des facultés intellectuelles, du sens des phénomènes surtout, pour tout ce qui regarde les impressions intérieures. Selon Gall, la perception est le premier degré d'action de chaque faculté.

« Un autre mode d'action de l'esprit, dit Spurzheim, considéré ordinairement comme une faculté primitive, est la *mémoire;* mais cette expression est générale et signifie toute répétition des opérations intellectuelles... Les jésuites ont parlé d'une mémoire de faits, d'une mémoire versale, d'une mémoire locale, d'une mémoire chronologique.

« La mémoire n'étant qu'une répétition des perceptions préalables, je ne crois pas que les facultés affectives soient douées de ce mode d'action, pas plus qu'elles ne se connaissent elles-mêmes

« La *réminiscence* diffère de la mémoire en ce qu'elle est la répétition du *sens des phénomènes qui connaît les fonctions de toutes les facultés.* En d'autres termes, la réminiscence est la mémoire du sens des phénomènes. C'est ce qui fait comprendre comment l'on peut se souvenir d'avoir eu une connaissance sans pouvoir se rappeler, et une autre fois se rappeler une notion reçue sans pouvoir se rappeler comment on l'a acquise. »

Ainsi la *mémoire et la réminiscence ne sont qu'un mode d'action*, ou une répétition d'une faculté perceptive, selon Spurzheim, et de toute faculté, selon Gall.

« *L'imagination*, ou *la faculté d'inventer*, ajoute Spurzheim, est encore regardée comme une faculté fondamentale de l'entendement. Mais s'il y a une faculté primitive, cause de toutes les inventions dans les arts et dans les sciences, comment se fait-il qu'elle agisse différemment dans différentes personnes?.... Toute faculté a ses lois, et *celui qui en est doué au plus haut degré en découvre souvent des effets inconnus*, et c'est ce qu'on appelle inventer. »

Ainsi, dans ce cas, inventer n'est autre chose que découvrir des effets inconnus d'une faculté. Cette invention n'est pas très heureuse.

« Quelquefois, ajoute Spurzheim, on désigne par *imagination* une activité des dispositions innées qui commence intérieurement par leurs propres forces sans être excitées par des impressions extérieures. Dans ce sens l'imagination veut dire une *activité spontanée*, et elle peut avoir lieu dans *toutes les facultés*. » Ici Spurzheim se range de l'avis de Gall.

« Cette expression, continue le même auteur, indique aussi les effets de la faculté fondamentale, à laquelle je donne le nom d'*idéalité*, l'imagination est alors synonyme d'exaltation. » Spurzheim dit cependant ailleurs que le sens de l'*idéalité* a pour but la perfection, qu'il est le sens du beau, du grand, du sublime.

Ainsi, l'*imagination* est ou la faculté de découvrir

des effets inconnus des facultés, ou une *activité spontanée* d'une faculté quelconque ou un effet de l'*idéalité*. Tout cela est très satisfaisant.

« Le *jugement*, dit Spurzheim, passe aussi pour une faculté spéciale de l'entendement..... Le jugement n'est pas non plus une faculté spéciale; car la même personne, douée d'une espèce de jugement, en a quelquefois peu d'une autre sorte, ou manque entièrement d'une troisième.

« Le jugement n'est qu'un mode d'action des facultés intellectuelles; les dispositions affectives sont aveugles, sans connaissance, etc. » Nos lecteurs connaissent cette opinion de Spurzheim. Il ajoute :

« On donne le nom de *jugement* à une manière d'agir de toutes les facultés qui connaissent, mais de préférence aux fonctions des *sens*, de la *comparaison* et de la *causalité*, parce qu'ils réfléchissent sur tous les autres et constituent ce qu'on appelle le jugement philosophique ou esprit d'induction (1). »

Ainsi, le *jugement philosophique* dépend de deux organes spéciaux, et le *jugement ordinaire* résulte d'une manière d'agir des facultés perceptives, mais de préférence encore de deux organes spéciaux. Il est un de ces organes qui n'est pas admis par Gall, au moins il lui donne une autre fonction; c'est celui de la *causalité*, dont il persiste à faire un organe de l'*esprit métaphysique*.

(1) M. G. Combes qui a enlevé à l'organe de l'habitativité la fonction d'attacher à la terre natale pour en faire un organe de *concentrativité*, prétend que c'est à l'aide de ce sens que l'homme et les animaux ont la faculté de maintenir en exercice deux ou plusieurs facultés. Le sens de la concentrativité doit donc intervenir dans la méditation profonde qui accompagne l'opération intellectuelle dite le *jugement*.

Résumons la doctrine de Gall sur ce point et voyons comment il fait intervenir les modes d'action des facultés dans l'explication des diverses manifestations dites de l'entendement et de la volonté.

Qu'est-ce que l'attention? C'est un très-haut degré d'action d'une faculté quelconque.

Qu'est-ce que la passion? C'est un très-haut degré d'action d'une faculté quelconque.

Qu'est-ce que l'imagination? C'est un très-haut degré d'action d'une faculté quelconque.

Qu'est-ce que la volonté? C'est un très-haut degré d'action d'une faculté quelconque.

Qu'est-ce la perception? C'est un mode de sentir d'une faculté quelconque.

Qu'est-ce que l'affection? C'est un mode de sentir d'une ou de deux facultés quelconques.

Qu'est-ce que le jugement? Un mode d'action d'une seule, de deux ou de trois facultés quelconques. Qu'est-ce que le désir, l'impulsion, le besoin? Ce sont des modes gradués d'action des facultés (1).

Voilà à quels termes se réduisent les solutions générales du système touchant le problème de l'activité hu-

(1) Cette théorie de Gall qui établit des degrés si divers, depuis l'inactivité jusqu'au plus haut degré d'action, dans les modes d'exercice des facultés, a été caractérisée ainsi par Spurzheim : « C'est une plaisanterie de sa façon d'appeler l'impuissance un abus de l'amativité, et de placer la poltronnerie dans la combattivité, la sensiblerie dans la destructivité, l'indiscrétion dans la sécrétivité, l'ingratitude dans la bienveillance, etc. Quant à moi, ajoute Spurzheim, je définirai ce pas age un *abus* du bel esprit. » *Essai philos. sur la nature morale et intellectuelle de l'homme*, p. 121. Spurzheim lui-même qui est si sévère envers Gall est tombé dans le même *abus*, car il a souvent donné à un même organe des facultés diverses, opposées, contradictoires, et du moins totalement différentes. Voyez la note G.

maine. N'oublions pas que le mot faculté est synonyme d'*organe cérébral*, et nous aurons une idée de la valeur psychologique et physiologique de cette extravagante doctrine.

Que dirons-nous maintenant des solutions de détail, de celles qui expliquent les divers désirs, les diverses affections, les diverses passions, les sentimens et les déterminations de l'homme individuel et de l'homme social? Nous ne pouvons nous décider à reproduire toutes ces solutions; il suffira d'en citer quelques-unes; nous les abandonnons à la sagacité de nos lecteurs, qui découvriront facilement les autres. Il suffira de leur donner un échantillon du procédé phrénologique pour les mettre sur la voie de toutes les découvertes du système. Voici par exemple :

Qu'est-ce que la religion, selon Gall? Elle est un mode d'action plus ou moins énergique de l'organe de la théosophie, aidée de l'organe du merveilleux, et probablement aussi de celui de l'esprit métaphysique. Qu'est-ce que la religion, selon Spurzheim? Elle est un mode d'action plus ou moins énergique de l'organe de la vénération (organe de la théosophie de Gall) assisté des organes des sens de la causalité, de l'idéalité, du merveilleux, aidé quelquefois de ceux de la bienveillance, du devoir, etc. Ecoutez maintenant M. Broussais : « L'abstraction religion est un code formulé par des hommes injustes et avides qui exploitent à leur profit *le sentiment de la vénération* dont la nature nous a doté pour d'autres fins; d'hommes qui se concertent pour empêcher le développement des *organes du jugement et de la causalité*, d'hommes qui s'opposent à l'acquisition des faits dans le but de donner la prépondérance à *l'organe du merveilleux* (1). »

Qu'est-ce que la conscience, selon Gall? « La conscience n'est autre chose qu'une modification, une affection du sens moral, du sentiment du juste et de l'injuste, de la bienveillance. Selon Gall, ces trois sentimens sont identiques et représentés par le même organe, et selon Spurzheim, le sens moral ou du juste et de l'injuste se distingue de celui de la bienveillance et réclame un organe distinct. Gall ajoute : que la conscience est une affection de ces organes « comme une sensation agréable ou douloureuse n'est autre chose qu'une affection, une modification des organes de la sensation en général (2). »

Qu'est-ce que la raison ?... C'est dans la définition de la raison que les phrénologistes se tirent difficilement d'affaire, malgré toutes les ressources de leur procédé ingénieux. Rarement ils se servent de ce mot; ils le rayeraient volontiers du dictionnaire; c'est une pierre d'achoppement que le système n'aime pas à rencontrer. Evidemment la raison n'est pour eux qu'un *mode éclairé* d'action des sens intercraniens, selon Gall; c'est un triomphe soudain des sentimens supérieurs sur les sentimens inférieurs, selon Spurzheim. Nous avons parcouru toutes les pages écrites par les principaux docteurs de l'école; il nous a été impossible d'y trouver une solution qui pût se traduire par d'autres termes.

(1) Voyez le discours prononcé à la séance annuelle de la Société phrén. de Paris, le 22 août 1835, et reproduit dans le numéro d'octobre du journal de cette Société, p. 401.

(2) *Physiol. du cerveau*, t. V, p. 284.

Le mot *raison* nous est apparu bien rarement; nous avons rencontré celui de *volonté éclairée* dans les livres de Spurzheim. Or la volonté éclairée, dans le système, n'est autre chose qu'une impulsion d'un ou de plusieurs sens supérieurs dominant les sens inférieurs (1). Mais une volonté éclairée suppose le libre arbitre, et le libre arbitre, comme nous le répéterons avec tous les hommes sincères, ne saurait être admis par les phrénologistes. « A l'instant où l'on préconise le libre arbitre, dit Gall, l'homme ne se trouve-t-il pas sur les bords glissans de l'abîme? On dit, et je le dis aussi, que l'homme abuse de sa liberté, mais quel motif a l'homme d'en abuser, si rien ne le meut dans son intérieur et ne l'excite à des actions illégales? (2) » S'il n'en abuse pas, si au contraire il s'en sert dans une pensée morale, agit-il ainsi parce qu'il y est organiquement entraîné. Gall ne manque pas d'ajouter : « *C'est toujours un développement très-favorable d'un organe, une énergie inaccoutumée de sa fonction, qui produit le penchant à la bienveillance, les idées et*

(1) Voyez l'*Essai sur la nature morale et intellectuelle de l'homme.* « Les idéologistes conviennent, dit Spurzheim, que les sentimens sont aveugles et ne peuvent éviter l'erreur que par le secours de la *raison*, laquelle doit établir l'harmonie entre les facultés fondamentales de l'homme. » Dans ce cas, la raison serait une activité indépendante de ces facultés fondamentales et des organes qui les représentent; mais il n'en est pas ainsi dans le système. La *volonté éclairée*, qui n'est autre chose que la raison dont nous venons de parler, est, selon le même auteur, la *combinaison de l'intellect avec les désirs*, c'est l'*intelligence qui doit reconnaître certains* désirs *supérieurs et préférables.* Or, l'intelligence n'est autre que l'action des organes supérieurs; il en résulte que la raison est une opération organique.

(2) *Physiol. du cerveau*, t. Ier, page 253. Remarquez l'habileté de Gall : il ne nie pas la liberté, mais il affirme que l'homme est poussé *fatalement* à en abuser.

les sentimens religieux, le talent de la poésie; sans un pareil développement il n'y aurait ni grand musicien, ni grand peintre, ni grand sculpteur, ni grand orateur; tous les *arts* et toutes les *sciences* seraient encore dans une obscure médiocrité (1). » Admirez avec quelle adresse Gall commande à sa plume et l'empêche de conclure logiquement; admirez le soin qu'il met à ne pas produire, dans l'exemple, le sens et les mots qu'il avait mis dans la proposition. Pourquoi ne nomme-t-il pas la *morale*, comme il nomme les arts et les sciences? Le plus simple de ses lecteurs ne devait-il pas s'attendre à ce que de la proposition que nous avons écrite en caractères italiques, après ces mots *sans un pareil développement*, il tirerait cette conséquence logique *qu'il n'y aurait ni homme moral*, *ni homme dévoué*, *ni homme vertueux*. Il glisse adroitement à côté; et à propos des organes *de la bienveillance*, *des idées et du sentiment religieux*, il vient nous parler de grands orateurs, de grands sculpteurs, de grands peintres. Nous prions nos lecteurs d'apprécier cette bonne foi du maître, si fidèlement imitée par les disciples, sur laquelle nous aurons au reste à revenir dans la quatrième partie de notre examen. Rappelons-nous pour le moment la définition phrénologique de la *raison* que nous avons donnée, et qui évidemment se trouve tout entière dans les paroles de Gall, que nous venons de citer. Passons.

Voulez-vous savoir d'où viennent le calembourg, le persiflage, la bouffonnerie, la caricature, le grotesque, l'ironie? De l'action du sens de la gaîté ou de la

(1) *Physiol. du cerveau*, t. Ier, p. 264.

causticité, combinée, selon Gall, avec celle du sens de *sagacité comparative* qui est le sens du jugement. Spurzheim n'admet pas l'intervention de ce dernier sens dans le calembourg (1).

Voulez-vous savoir d'où viennent les visions? Gall vous dira qu'elles sont un mode d'action de l'organe de la mimique, ou de celui de la poésie, ou bien de l'action combinée des deux et de plusieurs autres (2); Spurzheim en fait hommage à l'organe de la merveillosité.

Voulez-vous savoir d'où viennent les hiéroglyphes, la mythologie, les métaphores, les proverbes, les paraboles, les expressions qui imitent, les symboles, l'allégorie? Toutes ces choses ont la même origine que le calembourg; elles sont un mode d'action de l'organe de la *sagacité comparative* (3).

Voulez-vous savoir pourquoi une femme est voleuse, tandis qu'une autre préfère être receleuse? Chez celle-ci l'organe de la secrétivité est très-actif; tandis que celle-là aura les organes de la convoitivité et du courage plus développés.

Voulez-vous savoir la cause principale des suicides? Le suicide dépend le plus souvent d'une affection désagréable et prolongée de l'organe de la circonspection. C'est une véritable irritation chronique de la circonvolution qui représente cet organe (4).

(1) *Observ. sur la phrénologie*, p. 208.

(2) *Physiol. du cerveau*, t. V, p. 350. — (3) *Ibid.*, p. 203.

(4) *Physiologie du cerveau*, tom. IV, pag. 334. Dans ces derniers temps on a associé à cette cause organique du suicide l'inactivité de l'organe de l'espérance. On a débité que cet organe était très peu développé chez Alibaud. Les phrénologistes se sont empressés de faire cette découverte à la suite de quelques propos de journaux qui ont été réconnus inexacts.

Qu'est-ce qu'un poète? Selon Gall, un poète est un homme qui a l'organe du sens poétique très-développé et qui par conséquent fait bien les vers. Selon Spurzheim, un poète est un homme qui est doué d'un organe de l'idéalité très développé et qui peut faire de très-mauvais vers (1). L'action de l'organe de l'idéalité combinée avec celle des sens du merveilleux, de la gaîté et de l'espérance donne lieu à l'*extase* (2).

Voulez-vous savoir la différence qui existe entre l'attrition et la contrition. Nous prions nos lecteurs de se rappeler leur catéchisme, s'ils veulent comprendre les définitions suivantes données en langage phrénologique. L'attrition est une *affection* désagréable du sens du devoir, causée par le sens de la vénération, assisté par celui de la bienveillance et par celui de la *circonspection*. La contrition est une affection de même nature; seulement, dans cette affection, c'est le sens du *merveilleux* et non celui de la circonspection qui vient assister ceux de la vénération et de la bienveillance (3). Les phrénologistes qui font consister le sentiment moral dans l'impulsion de quelques organes sont très-conséquens en faisant consister le remords dans l'affection désagréable d'une circonvolution cérébrale.

Ne croyez donc pas que le système soit aussi étranger aux enseignemens du catéchisme qu'on pourrait le croire. En voici une preuve nouvelle. Rappelez-vous les trois vertus théologales, et les quatre vertus

(1) Spurzheim, *Observations sur la phrénologie*, pag. 210.

(2) *Essai philosophique sur la nature morale et intellectuelle de l'homme*, par Spurzheim, pag. 19[illegible]. Lisez le chapitre de cet ouvrage, intitulé : *Explication de quelques termes philosophiques*, dans lequel l'auteur a jeté les bases du vocabulaire phrénologique.

(3) Même ouvrage, et même chapitre, pages 188 et 191.

cardinales; comptez-les sur vos doigts et vous aurez: pour *l'espérance*, l'action de l'organe de l'espérance; pour *la charité*, l'action de l'organe de la bienveillance; pour *la foi*, les actions combinées des organes du merveilleux et de l'espérance. Pour *la prudence*, vous aurez l'action de l'organe de la circonspection combinée avec celle des sens intellectuels; pour *la force*, vous aurez l'action des organes du courage et de la fermeté; pour *la justice*, vous aurez « l'action des organes des sens du devoir, de l'amour de soi, et de la bienveillance en même temps. » Pour *la tempérance*, vous aurez tout simplement « le juste emploi des désirs sensuels, » quoiqu'on pourrait fort bien en faire un mode d'action de l'organe de l'amour de soi combiné avec l'inactivité des organes de l'alimentivité et de l'amativité physique (1).

Un homme est-il philologue? est-il, à force d'études, parvenu à savoir le chinois, et à traduire les commentaires de Confucius ou le code pénal de la Chine; cet homme-là est en possession d'un organe très-développé de la *mémoire des mots*, qui est le même que celui de la *philologie*, ce qui n'est pas très-flatteur pour les membres de l'Académie des inscriptions et belles-lettres. Spurzheim nomme cet organe le sens du *langage artificiel*, et à l'aide de cet organe il explique la faculté de créer des signes spirituels (2). Un autre homme est-il éloquent, est-il doué d'une grande facilité à

(1) Même ouvrage, pages 40 et 41.

(2) C'est ainsi que Spurzheim se trouve à chaque instant en contradiction avec sa propre doctrine. Il confond la *faculté* qui perçoit, se rappelle, compare, et imagine les mots, avec la faculté qui porte à les exprimer et à les créer.

s'exprimer, parle-t-il avec élégance, avec pureté; il doit encore cet avantage au développement ou à l'activité de l'organe de la philologie, de la mémoire des mots ou du langage artificiel. La philologie et l'élégance du langage sont sans doute des *modes très divers* d'action du même organe; car les philologues sont rarement de beaux diseurs, et les beaux diseurs ne sont pas toujours de très savants philologues.

Un homme est-il profond investigateur des lois de l'activité humaine et de ce qu'on appelle les causes finales? Cet homme sera sous le joug d'un développement excessif de l'organe de l'esprit métaphysique, selon Gall, ou de l'organe de la *causalité*, selon Spurzheim. Il en résultera que rechercher la *cause* d'un bruit qui nous assourdit et rechercher celle des phénomènes cosmogoniques, c'est manifester des modes divers de l'action du même organe.

Poursuivrons-nous l'exposé de tant d'extravagances?.. Signalons-en encore quelques-unes. Elles pourront servir à frapper les plus aveugles et les moins intelligens d'entre les partisans du système. L'expérience nous a appris que plusieurs sont inaccessibles à la compréhension des hautes raisons philosophiques; à ceux-ci nous devons parler le langage des simples en nous adressant à leur bon sens. Nous continuerons donc :

Quelle est, en langage phrénologique, la définition du doute? Le doute est le résultat de l'organe de la circonspection (1). Quelle est la définition de la croyance? La croyance est un mode d'action combinée des organes de l'espérance et du merveilleux.

(1) Même ouvrage, pag. 194.

Quelle est la véritable cause de la fierté dans l'homme? Elle est, selon Gall, un mode d'action de la force fondamentale qui porte certains animaux à habiter les hauteurs; tels que le bouquetin, le chamois. Spurzheim n'est pas de cet avis, et au lieu d'un organe pour ces deux manifestations, il en crée deux. M. Combes en fait l'organe de la concentrativité.

La peur est-elle causée par l'inactivité du sens du courage (Gall), de la combattivité (Spurzheim)? Oui, dit Gall; non, dit Spurzheim. La peur, selon ce dernier, est tout simplement une affection de l'organe de la circonspection. De là grande discussion entre le maître et le premier des disciples (1). C'est aussi un mode d'action du sens de la circonspection qui domine dans la mélancolie, dans la désolation, dans le découragement, dans la perplexité, etc.

Quant à l'amour, nous devons aux phrénologistes de bonne compagnie d'en connaître la nature complexe. L'amour, selon eux, est un mode d'action des organes de l'idéalité et de l'attachement, auxquels vient prêter son puissant appui le sens de l'amativité physique : nous regrettons qu'on n'ait pas fait intervenir le sens de la merveillosité et de l'amour-propre, qui ne seraient pas déplacés dans ce groupe (2).

(1) Même Ouvrage, *Appendix*, pag. 237; et voyez aussi le grand ouvrage de Gall, *Anat. et Phys. du Cerveau*, tom. III, pag. 361.

(2) Voici à ce sujet une citation curieuse, dans laquelle l'auteur ne montre pas une très grande *idéalité*. « Une modification de l'attachement est le mariage, dit Spurzheim. L'amour physique ne suffit pas pour faire vivre ensemble les mâles et les femelles pendant toute l'année. Il y a des animaux qui sont sociaux sans être mariés; d'autres vivent en société et en mariage, L'homme *appartient aux animaux qui sont sociaux et mariés en même temps*..... Je nomme cet instinct attachement ou affectionnivité. Son organe

Qu'est-ce que la ruse? C'est l'action de l'organe de la ruse, selon Gall. Spurzheim n'est pas de cet avis; il ne veut pas qu'on admette un organe spécial pour la ruse, et il lui substitue celui de la *sécrétivité* qu'il place toutefois un peu au-dessous, en vertu de l'indépendance qui caractérise les phrénologistes dans leurs déménagemens et emménagemens d'organes. Gall s'irrite; mais, au lieu de répondre à son infidèle disciple, il élude la question. Spurzheim réplique, et il ajoute : « Ce procédé prouve bien que M. Gall a de la ruse; mais non pas que la ruse soit le résultat d'une faculté seule, ni que le nom d'instinct à cacher (sécrétivité) vaille moins que celui de la ruse (1).»

Pourquoi un homme est-il irritable et susceptible? Ecoutez M. C. Broussais, parlant du crâne de Spurzheim, dans son compte rendu des travaux de la société phrénologique en 1834 : « si sa circonspection et sa haute *raison* (?), dit-il, n'étaient venus en aide à son tempérament lymphatique, il aurait peut-être eu souvent l'occasion de se repentir d'avoir obéi à l'action de certains penchans, à l'action, par exemple, de la *destructivité* et de l'*approbativité*, qui tendaient à le rendre susceptibilité et irritable à l'excès (2). »

Que dirons-nous de l'ambition, de cette passion qui

se compose de plusieurs portions. *Si une d'elles est destinée au mariage, elle doit être plus près de l'organe de la philogéniture !!!* » Spurzheim, *Obs. sur la phy.*, pag. 152.

(1) Même Ouvrage, *Appendix*, pag. 230. Spurzheim, en attribuant à son maître toutes les prérogatives de l'organe de la ruse, ne se trompait pas. A chaque page des livres de Gall, à chacune de ses paroles, on reconnaît un homme dont le savoir-faire ou la ruse n'était jamais en défaut.

(2) *Journal de la Société phrén.*, n° d'octobre 1835.

aspire à la fois à la renommée et à la domination ? Les phrénologistes en font un mode d'action du sens de l'approbation qui est loin de comprendre le désir du pouvoir, mais nous pouvons aisément remplir cette lacune, comme on peut remplir toutes celles que le système a laissées; nous dirons donc que l'amour de la domination est un mode d'action des organes de l'amour de soi, de l'approbativité et de l'estime de soi combinée avec des modes d'action des organes de l'acquisitivité, de la fermeté, de la sécrétivité, etc. Si cela ne satisfait pas les phrénologistes, il leur reste une ressource, celle de créer de toutes pièces un sens nouveau sous le nom du sens de la *dominativité.* Le système ne nous a pas dit non plus comment il explique les aptitudes spéciales pour la danse, pour la prestidigitation, pour l'instinct en vertu duquel l'homme menacé d'une chute fait des mouvemens qui rétablissent ou assurent son équilibre; pour l'instinct en vertu duquel il pare sa tête ou sa poitrine, soit en tombant, soit dans une attaque imprévue; celui en vertu duquel il ferme les yeux à la plus légère cause qui peut irriter ces organes, etc. Nous attendons donc l'organe de la *saltativité*, pour comprendre le goût général de la danse et l'aptitude spéciale de certains danseurs privilégiés; celui de la *prestidigitativité*, pour comprendre les tours de gobelets; celui de *l'équilibritivité*, pour expliquer les sauts périlleux; celui de la *parativité*, pour concevoir les bâtonistes et les boxeurs (1); nous atten-

(1) Nous sommes étonnés que l'*amour de la propreté* soit resté jusqu'ici sans organe. N'est-ce pas une force fondamentale, active chez quelques animaux et chez quelques hommes, très inactive chez d'autres ?

dons tous ces organes et bien d'autres encore. Si nous étions moins suspects, nous les proposerions à l'aréopage phrénologique de Paris, qui les accepterait comme il a accepté ceux de la respirabilité et de l'alimentivité. Nous croyons sérieusement que les docteurs de l'école en décréteront un jour l'existence, lorsqu'ils sauront qu'il existe dans l'Inde des castes prédestinées par leur organisme, aussi bien que par les lois, à perpétuer sur la terre, par voie d'hérédité, les fonctions de danseurs, de jongleurs, de sauteurs, de bâtonistes, ainsi qu'il est dit dans le code de Manou (1).

Irons-nous plus loin encore..... Insinuerons-nous avec les phrénologistes que les divers systèmes philosophiques qui ont régné dans le monde s'expliquent par la prédominance de certains organes qui a dû être remarquée chez leurs auteurs? Dirons-nous avec M. G. Combes que l'organe de la merveillosité était très grand chez Socrate et Platon? Dirons-nous avec un des docteurs de l'école que la protubérance occipitale qui trahit l'organe de l'amativité physique était très développée chez Epicure, nous qui savons par l'histoire que ce philosophe enseignait et pratiquait une morale austère, et que par cette morale il était en contradiction avec les données cosmogoniques et physiologiques de son système? Ne demandons pas aux phrénologistes ce qu'ils ne peuvent point donner, le savoir et la bonne foi. Laissons-les reconstituer à leur gré les crânes des fondateurs des sectes religieuses et des écoles philosophiques; laissons-les évoquer de la poussière des tombeaux les huit os céphaliques de chacune de ces intelligences; nous ne

(1) Liv. XII, 44 et 45. V. la note C.

verrons rien, dans ces prétentions, qu'il n'ait été déjà donné à l'homme de voir. La doctrine des tempéramens, celle des esprits vitaux, celle du froid, du chaud, du sec et de l'humide, le système de Lavater, ont tenté les mêmes efforts, et l'on sait le cas que les phrénologistes en font aujourd'hui. Ne nous a-t-on pas donné le tempérament d'Alexandre-le-Grand, de Socrate, de Platon? ne nous a-t-on pas donné celui de J.-C. lui-même (II)?

Demanderons-nous au système de nous expliquer l'amour de l'égalité et le sentiment de la fraternité humaine qui portent l'homme à se dévouer, à souffrir et à mourir pour en acquérir la réalisation? Le système sera muet. Nous parlerons pour lui, nous demanderons au langage phrénologique des mots qui nous permettent d'exprimer sa pensée. Nous dirons : Le sentiment de la fraternité est un mode d'action combinée des sens de la justice et de la bienveillance. Or, ces sens, qu'Aristote avait admis avec toute l'antiquité, n'ont jamais empêché les sages de l'Inde, de l'Egypte, de la Grèce et de Rome, d'assimiler les esclaves aux bêtes et aux machines. Si toutefois ces sens ne suffisent pas, dans le système phrénologique, à expliquer le sentiment de la fraternité qui remue le monde depuis dix-huit siècles et qui doit transformer les sociétés humaines, nous sommes prêts à recevoir le sens de la *fraternitivité* ou de l'*égalitivité*. Conçoit-on que le sentiment qui remue le monde et qui transforme les sociétés, depuis dix-huit siècles, puisse rester sans une circonvolution spéciale qui lui fasse l'honneur de le représenter dans une des zônes les plus élevées de la topographie cérébrale? conçoit-on surtout que dans le système il ne soit jamais fait mention de ce sentiment qui domine tous les faits sociaux de l'histoire moderne?

Arrêtons-nous enfin. Nous ne pourrions aller plus loin sans exprimer vivement, trop vivement peut-être, les sentimens qui nous animent en voyant tant d'ignorance s'associe à tant d'impudeur. Nous laissons aux phrénologistes le soin d'apprécier ces sentimens et de les expliquer, s'ils le veulent, par la prépondérance de quelques-uns de nos organes intercraniens, peu nous importe. Qu'ils expliquent, par les lois fatales de l'organisme, les jugemens qu'on porte sur le système, c'est là une des conséquences de leur doctrine; c'est là un acte de loyale et de courageuse logique dont nous leur tenons compte; car c'est là une des pensées du système dans lesquelles nous saisissons flagrante et incontestable l'immoralité empreinte, de ridicule et de grossière ignorance, qui préside au système et qui en émane. Que nous importe au reste cette arme chérie des docteurs de la phrénologie? Elle est trop usée pour que nous puissions la redouter; de plus n'accuse-t-elle pas, aux yeux de toutes les intelligences, la doctrine fataliste de l'école? ne trace-t-elle pas sur le marbre, en profonds caractères, la condamnation qui plane sur elle, qui doit la frapper au cœur et l'anéantir (1)?

(1) Les phrénologistes ont l'habitude de répondre aux attaques dont ils sont l'objet en les expliquant par les conditions organiques de ceux qui en sont les auteurs. Cette épigramme de mauvais goût pouvant être dirigée tout aussi aisément contre les phrénologistes que contre leurs adversaires, nous semble une pitoyable ressource. D'ailleurs, elle leur serait d'autant plus défavorable que les apparences cranioscopiques, dit-on, ne parlent pas généralement en leur faveur. Mais nous ne tenons aucun compte de cette malicieuse observation, nous repoussons, au contraire, les conséquences

La voilà donc cette théorie si féconde en nobles destinées ! la voilà réduite, pour ceux qui veulent l'examiner, à adopter une langue qui, expression fidèle du système, n'est autre chose qu'une capricieuse et divertissante mystification ! La voilà donc cette théorie nouvelle et profonde dont le système devait faire présent au dix-neuvième siècle, réduite à reproduire tout ce qui avait été dit par les anciens et par les modernes sur l'innéité organique des penchans et des aptitudes, réduite à faire quelques variantes à la coordination des facultés de l'école écossaise, réduite à n'avouer, comme entièrement neuve, que cette extravagante doctrine des modes d'action des facultés que nous venons d'exposer ! La voilà donc cette théorie derrière laquelle les phrénologistes aiment tant à se retrancher, lorsqu'ils sont forcés d'abandonner le terrain perilleux de la cranioscopie et de la cérébroscopie !

Pourquoi toutes ces subtilités bizarres et incohérentes ont-elles été si laborieusement recueillies ? Dans quel but tant d'efforts ont-ils été faits ? S'agissait-il de démontrer un principe nouveau ? s'agissait-il de développer une donnée nouvelle ? Non. Tout ce travail a été mis au service de l'axiome sans cesse répété depuis Aristote jusqu'à Cabanis : *nihil est in intellectu quod priùs non fuerit in sensu.* Il est vrai que les phrénologistes s'imaginent encore aujourd'hui que leur doctrine est venue renverser cette ancienne affirmation; mais cette

qu'on pourrait en tirer, et nous nous bornons à faire remarquer que de pareils argumens ne tendent à rien moins qu'à faire intervenir dans la discussion, non-seulement les injures, mais encore l'emploi de la force, qui ne serait, dans ce cas, qu'un mode d'action des sens du courage et de la destruction combinée avec l'action de organes d'où partent les objections.

prétention atteste leur ignorance aussi bien que leur inintelligence philosophique. Le système ne se trouve-t-il pas tout entier dans cette affirmation? Renferme-t-il un seul mot qu'ils aient le droit de désavouer? Si les phrénologistes s'imaginent qu'Aristote faisait dépendre l'activité humaine de l'action des *sens externes*, tandis qu'ils la font dépendre de l'action des *sens internes*, ils ne font qu'ajouter un nouveau témoignage de leur ignorance à tous ceux que nous trouvons dans leur théorie. Jamais le philosophe du Lycée n'a placé dans l'action des sens externes le mobile de l'activité humaine. Condillac lui-même est à l'abri de ce reproche. Les phrénologistes ont fait contre les sensualistes une guerre qui rappelle le combat de don Quichotte contre les moulins à vent (J).

Qu'opposons-nous à cette doctrine si souvent reproduite par les matérialistes de tous les temps? Quelques affirmations graves, simples et vraies doivent suffire; les voici.

L'homme est une activité servie par un organisme. L'organisme dans l'homme, est une instrumentalité à l'aide de laquelle l'esprit est en puissance d'agir sur le monde extérieur, de combattre les résistances, de vaincre les obstacles, de transformer le milieu dans lequel il vit en vertu d'une loi morale et en vue d'un but moral. Imprimer à l'organisme des mouvemens propres à manifester l'activité humaine, accomplir la loi que cette activité a reçue, atteindre le but que cet organisme est propre à poursuivre, comprimer les impulsions animales qui s'opposent à la libre activité de l'esprit; lutter contre elles; tel est le caractère de l'*humanité*. Subir le joug de toutes les impulsions qui naissent de l'organisme et qui s'y réveillent successivement, ne jamais accomplir un acte qui ne soit commandé par ces impulsions, être renfermé dans cette limite toujours la même depuis l'apparition des animaux sur la terre; tel est le caractère de l'*animalité.*

L'homme crée, invente, découvre des choses nouvelles et des lois inconnues, il perfectionne les instrumens de son activité et il en augmente sans cesse la puissance. Tout autour de lui rend témoignage de sa coopération à l'œuvre créatrice de Dieu; tout atteste que ses facultés acquièrent à travers les âges une grandeur et une activité nouvelles. Il n'était pas dès le commencement ce qu'il est aujourd'hui; il sera dans les derniers jours ce qu'il n'est pas encore. Toutefois son organisme, ses sensations et ses impulsions organiques ont été, sont et seront virtuellement toujours les mêmes.

L'animal ne crée rien, il n'invente pas, il ne perfectionne rien. Ses aptitudes ne grandissent pas, ses forces restent toujours les mêmes. Il est ce qu'il a été, il sera ce qu'il est, à la fin des siècles; car il n'existe que par ses organes, et ses organes sont toujours les mêmes; ils concourent à une existence et à un fin fatale, ils ne constituent pas une instrumentalité et ils ne concourent pas à un but d'activité.

Entre les manifestations de l'existence animale et celles de l'activité humaine, il y a donc cette différence qui domine toutes les autres et qui brille d'un éclat aussi resplendissant que l'éclat du soleil :

L'homme s'élève chaque jour au-dessus de ce qu'il était au commencement. Chaque jour il associe davantage sa volonté toujours libre à la volonté qui a créé l'univers. Chaque jour son œuvre grandit. L'animal reste toujours le même, subissant, comme toute matière, la loi qui régit sa destinée et qu'il ne comprend pas; il naît, il croît, il meurt, ne laissant aucun héritage à sa race qui naît, qui croît, et qui meurt comme lui, accomplissant les mêmes actes, laissant le même néant et la même poussière; bien plus, si l'animal peut s'élever par ses forces naturelles, c'est en subissant le joug de l'homme, c'est à la condition de lui être asservi pour accroître l'énergie de son instrumentalité, et de devenir à son service une machine organisée et docile.

Le PROGRÈS est donc une démonstration irrécusable de l'activité spirituelle de l'homme. En effet, de grandes créations, des conceptions inconnues, des sentimens nouveaux qui ont renouvelé les choses humaines, ont fait plusieurs fois leur entrée dans le monde à la suite d'une parole divine; et pour ceux qui ont entendu cette parole et qui y ont cru, il y a eu de nouvelles facultés, de nouveaux désirs, et des forces nouvelles, et par eux la volonté de Dieu s'est accomplie. De même que, sur le granit terrestre, dès les premiers jours de la création, diverses espèces organiques avaient paru à la voix de Dieu, portant à chaque apparition une organisation plus parfaite et une destinée plus générale, ainsi, sur le globe terrestre, lorsque l'homme eut paru à son tour pour être associé à la puissance du créateur, l'humanité dut se montrer à la voix de Dieu, et s'élever ensuite vers des destinées toujours plus vastes, manifestant à chaque révélation nouvelle des facultés inconnues et plus puissantes, accomplissant ainsi une suite progressive et réglée d'âges logiques, qui sont les grands jours de la genèse humanitaire. Ainsi, au règne de la famille a succédé celui de la race, au règne de la race a succédé celui de la société; ainsi le règne de l'humanité ou de l'unité humaine est appelé à succéder à celui des sociétés constituées selon la loi antérieure au christianisme. Ainsi, à chaque parole nouvelle, l'homme reçoit une loi nouvelle qui dirige toutes ses aptitudes vers un but nouveau, inconnu aux temps antérieurs.

La loi du progrès nous montre donc que l'homme est doué d'un principe d'activité étranger à l'organisme, et qui le domine; que ce principe d'activité commande des œuvres toujours nouvelles, à cet organisme qui est toujours composé des mêmes parties.

En effet, lorsque un but nouveau a été assigné à l'activité humaine, la foi, l'espérance et la charité viennent communiquer à l'esprit de l'homme une puissance nouvelle; il agit avec une certitude inébranlable, il espère sans cesse, il se dévoue sans relâche à l'accomplissement de la loi qui lui a été donnée. L'esprit, sous forme de sentiment, de désir, de volonté, de conception, se montre alors comme excitateur de toutes les opérations intellectuelles; il crée une hypothèse en harmonie avec cette foi, avec le sentiment qui le domine, et il appelle toutes les aptitudes organiques à concourir à la vérification de cette hypothèse. Ainsi, l'impulsion qui vient de l'esprit et qui domine les divers appareils nerveux qui constituent la logique individuelle, se distingue de l'impulsion qui vient réclamer la satisfaction d'un besoin de la vie végétative et de celle qui vient réclamer une satisfaction sensuelle et animale. Ainsi, l'esprit qui a seul la puissance de commander des actes conformes au but moral, qui a seul la faculté de diriger les aptitudes naturelles en les appelant à un travail de vérification ou de réalisation, se distingue de l'organisme animal qui ne peut connaître que des faits isolés, et qui n'aperçoit les faits que dans les rapports fatals qu'ils ont avec ses instincts. L'esprit seul parvient à formuler la loi générale des rapports étrangers à son organisme, qui dépassent les limites de son étroite sphère, dans le temps et dans l'espace; seul il s'élève de cette loi à la conception *progrès;* seul il reconnaît dans cette loi l'obligation fonctionnelle *dévouement;* seul il comprend dans cette loi le but de notre activité dans le monde, *fraternité et unité.* L'animal ne voit que les objets qui tombent sous ses sens, il n'aperçoit que les rapports préétablis qu'ils ont avec lui; il s'agite fatalement dans sa sphère; les diverses générations accomplissent sans liberté un cercle toujours le même, qui s'ouvre à la naissance et se ferme à la mort, qui se répète sans cesse, toujours le même, toujours identique. Le néant le précède, le néant le suit, il ne laisse au monde que la matière inerte de ses ossemens. Jamais il ne franchit les limites de son existence, il n'a de valeur que comme un instrument aveugle, matériel, fatal des desseins de Dieu ou des volontés de l'homme. C'est, en effet, l'esprit qui donne à l'homme le droit de disposer des animaux et d'élever leur chair ou leurs forces naturelles au rang d'instrumens de l'activité humaine.

Nous dirons donc :

L'activité humaine est une, elle n'est pas multiple, comme le veulent les phrénologistes qui assimilent l'homme aux animaux. Cette unité se montre par la continuité qui prend le nom de *mémoire* et qui persiste au-delà de cette vie. Elle se montre par la puissance de diriger, en vertu d'une seule et même loi, en vue d'un seul et même but, toutes les aptitudes instrumentales diverses. L'animal ne connaît aucune loi, ne connaît aucun but, il est soumis aux forces intermittentes et diverses de ses organes, qui toutes concourent fatalement à la fin que Dieu leur a assignée. Il en serait de même dans l'homme, si la vie animale qui lui est commune avec les bêtes ne devenait chez lui une instrumentalité de son esprit, un moyen d'action sur le monde, une force au service de la loi morale révélée à l'esprit de l'homme. Si l'homme n'était qu'un animal dans le cerveau duquel quelques circonvolutions seraient ajoutées, dans le but de combattre les impulsions qui naissent des autres circonvolutions, comme le prétend le système, évidemment l'homme serait le plus mobile, le plus malheureux, le plus contradictoire des animaux; l'activité humaine, dans cette multiplicité d'excitations divergentes, fatales et successives, ne saurait présenter cette suite, qui est le caractère de l'unité, nous disons plus, l'activité elle-même disparaîtrait devant la passivité absolue qui caractérise tous les phénomènes de la vie animale.

En effet, le rôle de l'esprit ne consiste pas à subir la loi de variété et de successivité qui est propre à la matière, soit inanimée, soit végétale, soit animale; il consiste au contraire à imprimer à celle-ci l'unité qui est en lui, en faisant concourir à la réalisation du but de son activité toutes les aptitudes qui, dans l'organisme, ne peuvent se manifester que diversement et successivement. Par le langage, il crée un signe qui représente cette diversité et cette successivité, de même qu'il exprime, par le verbe, les rapports de l'activité qui est en lui avec la passivité qui est dans la matière, de même qu'il exprime par le substantif et par l'adjectif la substance et l'attribut qu'il aperçoit dans les êtres. L'esprit de l'homme n'a donc pas été créé pour subir les conditions de la matière; il n'est donc pas une abstraction destinée à représenter les forces organiques et animales, car alors il cesserait d'être; il n'est donc pas le moteur des opérations organiques et animales qui fonctionnent dans les végétaux et dans les animaux, ce qui serait conclure au panthéisme (1); mais il a été créé pour régir, dans un but étranger à l'animal, contradictoire à ses impulsions sensuelles, toutes les forces instrumentales de l'organisme.

Or, la loi du progrès nous montre que l'homme est convié au travail qui crée, qui enseigne, qui dirige l'œuvre commune. Libre de choisir entre ce qui est de l'organisme animal et ce qui est de sa fonction humaine, l'homme est appelé à mériter ou à démériter devant Dieu et devant l'humanité.

L'homme a donc un devoir à remplir, une loi à accomplir; et ce devoir, qui est toujours une lutte et une souffrance, atteste la puissance de l'esprit de l'homme dominant la paresse naturelle et l'égoïsme animal.

(1) Cette étrange confusion dont nous avons indiqué la source théologique dans un paragraphe précédent, est encore aujourd'hui un grand obstacle aux progrès de la psychologie chrétienne. Nous avons vu dans un journal prétendu catholique dont il ne nous appartient pas d'apprécier ici les doctrines, demander sérieusement aux savans de faire de nouvelles recherches sur l'*ame des bêtes*, qui semble, au feuilletoniste *chrétien*, devoir être la même que celle de l'homme dépouillée de quelques-unes de ses facultés. C'est à propos d'un mémoire de M. Geoffroy Saint-Hilaire sur l'orang-outang du Jardin des Plantes, que cette pensée extravagante a été exprimée. Voyez le feuilleton de l'*Univers religieux*, n° 829, du 10 juillet 1836.

Nier ce devoir, en douter, c'est mettre au néant l'activité spirituelle qui distingue l'homme, c'est repousser tout principe de certitude et de création, c'est confondre le bien avec le mal, c'est proclamer les droits de l'égoïsme, la souveraineté du savoir-faire et de la force.

Développer, enseigner, défendre une science qui nie ce devoir, qui permet d'en douter, c'est se placer dans la condition du mal, c'est s'opposer au progrès, c'est appeler sur sa tête la condamnation de Dieu et de l'humanité.

Nous verrons, dans l'exposition que nous allons faire des conséquences de la doctrine phrénologique et des applications qu'elle réclame, que le système ne pouvait, enveloppé dans les langes du matérialisme le plus grossier, s'élever à de si hautes considérations sur la loi et sur le but de l'activité humaine.

QUATRIÈME PARTIE.

De la morale selon le système phrénologique, et des applications qu'il réclame dans l'intérêt de l'humanité.

Le système dont nous venons d'exposer la théorie se proclame la base de toutes les connaissances humaines, la colonne de la philosophie. Si nous ajoutons foi aux docteurs de l'école, on ne peut espérer quelques améliorations sociales qu'à la condition d'accepter l'influence de la doctrine phrénologique. Hors du système point de salut. Malheur au monde, malheur aux hommes si le système n'est appelé à diriger toutes les institutions, s'il ne vient jeter ses racines dans les lois, dans les mœurs, dans toutes les intelligences! Telle est la modeste prétention des docteurs de l'école. Ils savent cependant fort bien que tout ce qu'ils avancent à cet égard n'est pas vrai; ils le savent si bien, que dans toutes les pages de leurs livres ils croient nécessaire d'en renouveler, avec de grands efforts, la périlleuse démonstration; ils le savent si bien, qu'ils se montrent, dans ce pénible travail, très résignés à passer pour de fort mauvais logiciens. Les efforts qu'ils font pour faire adopter ce mensonge sont d'autant plus grands, qu'ils connaissent davantage les corollaires pratiques qui émanent réellement et logiquement de la théorie.

On a déjà bien souvent élevé la voix contre le système pour démontrer l'immoralité des conséquences qui en émanent; aux mêmes condamnations, toujours répétées, ils ont toujours répondu par les mêmes mensonges. Nous ne voulons pas leur fournir une nouvelle occasion de les reproduire; aussi passerons-nous sous silence les objections auxquelles nous savons qu'ils sont préparés par une polémique de plusieurs années; nous leur en ferons de nouvelles, et, comme nous l'avons fait dans notre examen de la méthode cranioscopique et cérébroscopique, nous irons chercher la condamnation du système dans les écrits des docteurs. Nous voulons qu'ils soient dans l'impossibilité de récuser nos paroles, car elles reposeront sur des citations nettes et positives, contre lesquelles toutes les subtilités du système ne sauraient prévaloir.

Donnons d'abord un échantillon des modestes prétentions de la phrénologie. Nous citons textuellement.

« Elle donne :

1° *La philosophie première*, en montrant la nature humaine telle qu'elle est, *sous toutes les formes de son activité.*

2° *L'éducation*, ou la meilleure manière de développer et de régler cette activité dans toutes les directions possibles. L'exercice fait croître les organes et *surtout augmente leur activité* (1).

3° *Les méthodes scientifiques* et la *théorie des arts* par conséquent.

4° La *religion*, dont *elle montre* le fondement dans l'organisation cérébrale et dont elle enseigne à prévenir les écarts.

5° La *morale*, dont l'indulgence ou la tolérance est pour elle le premier précepte.

6° Les *lois*, ou le plus sûr moyen de prévenir et de corriger les tendances individuelles contraires à la justice.

7° L'*économie sociale*, en apprenant à classer les hommes d'après leurs aptitudes, leurs talens, leurs vertus, etc.

(1) Toutes les personnes qui ont jeté un coup d'œil sur un livre de phrénologie savent que Gall avait prétendu, pendant plusieurs années, dans l'intérêt de la cranioscopie qui fondait sa réputation et celle de son système, que le volume d'un organe était le signe unique de l'énergie de sa fonction. Plus tard, il fut obligé d'avouer que le volume pouvait être en rapport inverse avec cette énergie; il imagina alors de se tirer d'affaire en établissant que la fonction d'un organe cérébral pouvait être très énergique par le fait seul de son activité physiologique, ce qui était rentrer tout bonnement dans le domaine de la vieille physiologie et des tempéramens. Aujourd'hui, toutes les fois que vous signalez un fait contradictoire à la cérébroscopie, on vous répondra qu'il faut avoir égard au volume et *surtout* au degré d'activité de l'organe. Que devient après cela la méthode phrénologique?

8° La *philosophie de l'histoire*, ou l'intelligence des faits accomplis par l'humanité travaillant, s'agitant pour arriver à la plus grande somme de bonheur individuel et général.

9° Les *moyens d'arriver à ce but*, etc., etc. (1). »

Voilà certes une série assez imposante de prétentions qui suffirait pour faire de la phrénologie la panacée universelle. Il y a, dans cette manière de présenter les résultats du système, quelque chose qui rappelle les devinations cérébroscopiques et cranioscopiques, quelque chose qui rappelle aussi les discours de ces orateurs ambulans qui font les délices des foires et des places publiques. Ecoutez, en effet :

« Au point où en est aujourd'hui la phrénologie, il existe un nombre d'organes cérébraux dont la situation, la forme, le volume, la direction et les usages, *sont aussi bien prouvés que la situation*, *la forme*, *le volume*, etc., *des yeux*, *de la bouche*, *du nez et de tous les traits du visage* (2). »

Ne vous croiriez-vous pas en face d'un des tréteaux sur lesquels trônent les orateurs ambulans dont nous avons parlé? Si votre illusion n'est pas encore parfaite, écoutez encore :

« Aux conséquences et aux applications de la phrénologie se rattachent les questions philosophiques, les théories générales et spéciales, les améliorations relatives à l'instruction du peuple, aux salles d'asile, à l'enseignement primaire, aux maisons de détention,

(1) Voyez dans le *Journal de la Société phrénologique*, numéro de janvier 1835, l'article intitulé : *Plan général, objet et conséquences de la phrénologie*, par le rédacteur en chef, M. Gaubert. Jamais le mot d'Horace n'a été plus applicable: *Parturient montes, nascetur ridiculus mus.*

(2) Même recueil, même article.

aux bagnes, aux prisons, aux principes de droit et de législation; les questions de pénalité, la révision des codes, les mœurs des peuples et les caractères nationaux, les diverses formes de religion, les arts, la politique, l'éducation morale de toutes les classes de la société, *et cœtera.* (1)»

Nous ne comptons pas nous conformer, dans notre examen des conséquences et des applications du système, à l'énumération que nous venons de reproduire; car jusqu'à présent les docteurs ne nous ont encore donné que le programme de leurs prétentions.

Nous laissons à MM. Esquirol, Georget, Leuret, Ferrus, etc., le soin de montrer le néant du système dans ses applications à l'étiologie et au traitement des aliénations mentales (K); nous n'abandonnerons pas le terrain sacré de la morale; c'est sur ce terrain que nous appelons le système et que nous l'invitons à venir justifier ses principes, à nous montrer au grand jour ses maximes, et à recevoir la condamnation qui a été prononcée contre le mal dès les premiers jours.

Nous ne demanderons pas au système quelle est sa métaphysique, son ontologie, sa logique, car ces conceptions sont trop élevées pour qu'il puisse les comprendre; mais nous lui demanderons quel est pour lui le principe de certitude morale sans lequel la science est une erreur, sans lequel toute société est impossible. Nous lui demanderons quelle est, pour lui, la loi révélée à l'activité humaine, quelle est sa morale en un mot. Nous savons qu'il prétend en formuler une; mais nous savons aussi que la morale qu'il proclame est la

(1) Même recueil, même article.

même que celle des sceptiques, des ecclectiques et des matérialistes de tous les temps, nous savons que c'est au service de cette morale qu'il accumule les sophismes, les erreurs, les mensonges qui servent de base à sa théorie.

Comme l'éducation, les beaux arts, les systèmes de pénalité et les institutions sociales ne sont que l'enseignement, ou la réalisation de la morale, nous examinerons d'abord les maximes de morale professées par le système; nous apprécierons ensuite les conséquences qui résultent de ces maximes dans l'éducation et dans les institutions sociales.

§ I.—*De la morale selon le système phrénologique.*

Ne demandons pas aux phrénologistes de se montrer bons logiciens, d'avoir le courage de tirer des principes de leur doctrine toutes les conséquences qui en émanent. Ils se gardent bien, dans leurs écrits surtout, [illegible]

s'agit-il de traiter dans des chapitres spéciaux, intitulés : *de la morale, du libre arbitre, du fatalisme, du bien et du mal*, les questions qui se rattachent à ces problèmes ; s'agit-il de donner des solutions franches et précises, ils cessent d'avoir le même courage ; leur langage prend un ton de modestie et de circonspection qui étonne, tant ils deviennent alors souples, timides, pleins de bons procédés, spiritualistes, religieux, moralistes austères, chrétiens même (1). Nous nous bornons à signaler à nos lecteurs cette tactique à l'aide de laquelle le système recrute des adeptes et des dupes parmi les demi-savans, les petits littérateurs et les hommes du monde fashionable. On sait que les phrénologistes qui ont le plus de savoir-faire ne portent pas plus haut leurs espérances de succès.

La loi morale est une loi commune à tous les hommes ; elle est la même pour tous ; elle est une certitude ab-

(1) Spurzheim, en cela plus sincère que Gall, a fait des efforts dont il faut lui tenir compte, pour concilier la morale chrétienne avec les données générales de la phrénologie. Il a écrit un livre qui est entièrement dominé par cette pensée. L'intention était bonne ; mais elle s'est perdue dans des contradictions inévitables. Son œuvre est restée stérile, et ses efforts n'ont servi qu'à inspirer au secrétaire de la Société phrénologique de Paris ces paroles qui servent plus à juger le système que toutes les réflexions critiques : « Comparez sa tête à celle de Gall, » dit M. C. Broussais, en parlant du crâne de Spurzheim, « et vous verrez que..... celle de Gall est carrée, celle de Spurzheim élevée de bas en haut ; de là est résultée, comme conséquence nécessaire, inévitable, une différence tranchée dans le caractère de leurs travaux : dans ceux de Gall se montre sans cesse et partout l'homme essentiellement positif, tandis que ceux de Spurzheim ont *une tendance éminemment contemplative*..... L'idée-mère a germé dans la tête de l'observateur positif ; mais le *savant contemplatif* l'a développée dans *une direction qui l'a fait accepter d'esprits fortement prévenus* par leur tendance opposée à celle de Gall. » Voilà comment les docteurs du système s'expliquent les efforts de Spurzheim à faire concorder la phrénologie avec la morale chrétienne, qu'il confondait dans ce but avec ce que l'on appelle la morale naturelle..... Voilà l'accueil que le système fait aux hommes qui professent les maximes de morale chrétienne, lors même qu'un de ces hommes est un des plus grands docteurs de l'école. Ainsi, pour le système, proclamer une doctrine morale, c'est se vouer à la *contemplation !*

solue, elle ne peut permettre ni le doute ni la contradiction. La loi morale commande à tous les hommes leur concours à la conquête future de la fraternité et de l'unité humaine; elle prescrit aux hommes, afin que leur activité se manifeste, le travail, le dévouement et le sacrifice; l'homme qui a reçu cette loi (tous les chrétiens l'ont reçue) apprend où est le bien, où est le mal; il sait que le bien est là où existe un concours volontaire à l'œuvre commune; il sait que le mal est là où existe la libre et unique satisfaction de ses désirs personnels ou de ses impulsions animales; il sait, en un mot, que le bien n'est autre chose que la liberté humaine choisissant le dévouement, et que le mal n'est autre chose que la liberté humaine choisissant l'égoïsme. Telle est la notion simple, vraie, de ce que l'on doit entendre par la loi morale. Peut-il en exister une pour le système phrénologique? Évidemment non. L'habileté et l'hypocrisie ne nous subjuguent pas; nous saurons, sous des mots alignés avec adresse, saisir les principes que ces mots cherchent souvent plus à voiler qu'à exprimer; nous saurons bien, s'il le faut, faire jaillir les convictions réelles des docteurs, nettement formulées par eux-mêmes, du sein de leurs contradictions. L'homme est appelé à agir sans cesse, il doit sans cesse transformer le milieu dans lequel il vit; il doit donc connaître l'œuvre qu'il doit accomplir, et le but à la réalisation duquel il doit concourir; il doit avoir la certitude de ce but et de la loi qui le lui impose. En dehors de cette certitude qui imprime le caractère de l'unité à ses actes les plus divers, l'homme reste sous le joug de l'organisation animale, il ne montre plus que versatilité, indifférence et égoïsme; il agit nécessairement selon l'entraînement de ses impulsions charnelles, qui sont intermittentes et diverses. Les phrénologistes qui ont le courage de continuer, un demi-siècle après son entier accomplissement, l'œuvre de négation du XVIIIe siècle, sont bien loin d'affirmer une certitude morale, ils s'en gardent bien, car elle prononcerait contre le système une foudroyante condamnation.

Les phrénologistes proclament en effet que la *tolérance* est la formule générale des maximes morales qui émanent du système; or, proclamer en morale le principe de la tolérance, n'est-ce pas nier tout principe de certitude, n'est-ce pas nier tout but d'activité commune? Mais prenons-y garde, cette tolérance elle-même qui est la négation de toute certitude et de toute morale, ne saurait être invoquée sincèrement par le système; car, ainsi que nous le démontrerons bientôt, la doctrine qu'il professe, loin de conclure à la tolérance, conclut au contraire, comme celle de Hobbes, à la légitimité de la force matérielle, au droit de la force (1). En effet, la doctrine qui affirme une loi morale commune peut-elle être admise dans un système qui nie virtuellement l'activité spirituelle destinée à régler les impulsions animales? En vertu de quel principe exigerait-on d'un organe cérébral qu'il n'appelât pas logiquement et fatalement la fin par laquelle il excite l'organisme? Et si dans la masse encéphalique, il y a une place pour des organes qui portent au mal, s'il en est une autre pour des organes qui portent au bien, en vertu de quels principes ordonnerait-on aux organes *supérieurs* de se montrer seuls et de dominer les organes *inférieurs?* En vertu de quel principe exigerait-on d'un homme des actes qui ne seraient pas assez énergiquement réclamés par les organes auxquels on assigne une fonction morale? En vérité il serait impossible d'imposer une pareille tyrannie à des organes qui agissent suivant les lois fatales de leur existence.

Et l'éducation! en vertu de quel principe serait-elle dirigée? Les phrénologistes veulent bien accorder à l'éducation la faculté d'exercer les organes cérébraux soit en augmentant leur volume soit en accroissant leur activité; mais comment la parole, qui est un signe immatériel, peut-elle agir sur des organes et les modifier, si l'enseignement moral, dont elle est le signe, n'est pas reçu par l'activité spirituelle qui seule peut connaître son but et en commander la réalisation à l'instrumentalité organique? D'ailleurs l'éducation est-elle autre chose qu'un principe de certitude transmis par la parole et par les exemples, d'une génération à une autre, ayant sa source dans la révélation et son but dans l'humanité; or, le système phrénologique est une négation de toute certitude morale; ce mot même est sans valeur pour les docteurs de l'école; car, comme nous l'avons dit, le principe de *tolérance morale* qu'ils proclament contradictoirement à leur doctrine qui conclut au droit de la force et du savoir-faire, n'est autre chose que le scepticisme qui met au néant toute certitude, toute loi morale, tout but d'activité humaine, qui admet des lois et des buts contradictoires, qui n'affirme, comme l'ecclectisme, que la souveraineté du moi, et qui, comme l'ecclectisme, ne conclut qu'à l'aristocratie de la race, de l'habileté et de la force.

Les accusations de tendance au fatalisme qui ont assailli la doctrine phrénologique sont connues de tout le monde. Tout le monde connaît aussi les efforts que les docteurs ont faits pour les repousser ; personne n'ignore à quelles finesses de langage, à quelles subtilités ils ont eu recours pour se mettre à l'abri d'aussi infamantes accusations. Nous nous bornerons à mettre sous les yeux de nos lecteurs quelques citations de leurs écrits, et à les prier de se rappeler celles que nous avons déjà eu l'occasion de faire. Il est certain qu'après avoir surpris les docteurs en flagrante démonstration de fatalisme, nous ne serons pas assez simples pour ajouter foi aux professions de foi qu'ils pourront faire dans des chapitres spéciaux. Les affirmations suivantes qui dominent tout le système doivent nous suffire ; citons Gall : « L'homme, tant qu'il est animal (nous avons vu que selon le système, l'homme est la continuation de la chaîne animale (1), serait-il un être isolé de la nature vivante ? Serait-il gouverné par des lois organiques opposées à celles qui président aux *facultés* du *chien*, du *cheval* et du *singe* (2) ? » « Les qualités et les talens particulièrement distingués (c'est-à-dire propres à l'homme), sont dus à la même origine. C'est toujours un développement très favorable d'un organe, une énergie inaccoutumée de ces fonctions qui produit le penchant à la bienveillance (le sens moral, selon Gall), les idées et les sentimens religieux, etc. (3).

Sans doute, l'instrumentalité dont l'homme est doué peut être disposée de manière à faire dominer des penchans plus ou moins égoïstes ; ce n'est pas nous qui contesterons les impulsions qui peuvent naître de l'or-

(1) V. page 36.

(2) Physiologie du cerveau, tom. Ier, p. 48.

(3) Même ouvrage, tom. Ier, pag. 264.

ganisme animal, mais les dispositions qui portent à la bienveillance, qui ne sont autre chose que les résultats des aptitudes sympathiques, peuvent-elles se manifester par une continuité d'action, sans subir les lois de la successivité et de l'intermittence qui dominent les phénomènes physiologiques du système nerveux (1)? Or, si l'unité et la continuité d'une bonne impulsion sont impossibles dans l'ordre physiologique, comment pourrions-nous concevoir dans l'homme cette continuité et cette unité de but qui constituent la loi morale? Il y aurait donc dans l'homme une source de mobilités et de versatilités incessantes; il serait par conséquent sous le joug de toutes les excitations extérieures et intérieures, physiques ou physiologiques, qui viendraient l'assaillir; il n'aurait donc ni liberté, ni volonté, ou bien la volonté ne serait autre chose que le plus haut degré d'action momentanée d'un organe cérébral. Or, cette définition de la volonté est précisément celle qu'en donne le système.

Citons Spurzheim, ce génie *contemplatif*, le plus sincèrement religieux d'entre les docteurs, et pour ce fait le plus souvent persiflé par ses frères : « L'éducation ne crée rien, dit-il; toute son influence se borne à cultiver les facultés et à diriger leurs actions. » Peut-on contester la netteté de cette affirmation? Peut-on ne pas en tirer cette conséquence que si l'organe du sens moral n'est pas developpé ou s'il reste inactif l'enseignement moral est inutile, et que, si un homme

(1) Voyez, à cet égard, un article inséré dans le *Journal des progrès des sciences médicales*, tom. IX, 1828.

Voyez aussi l'ouvrage de Spurzheim intitulé : *Essai sur la nature morale et intellectuelle de l'homme*, pag. 83.

s'abandonne à ses mauvais penchans, c'est l'organe qu'il faut en accuser. Un peu plus loin, le même auteur ajoute : « J'admets que l'intelligence de l'homme doit reconnaître certains désirs comme supérieurs et préférables. Cette combinaison de l'intellect avec les désirs est la *volonté éclairée* (1). » En vertu de quel principe de certitude la volonté est-elle *éclairée ?* Serait-ce par l'action d'un sens interne? Mais Spurzheim le dit lui-même « une impulsion organique est aveugle et ne connaît pas son objet. » Cette volonté éclairée est donc un acte de l'esprit qui, en vertu d'un principe de certitude qui lui a été transmis par l'éducation, ne subit pas la loi des intermittences organiques, et est appelé à diriger toutes les aptitudes diverses et successives de l'organisme vers un but moral, en vertu d'une obligation commune. Nous devons le reconnaître, Spurzheim admettait sincèrement un côté actif dans l'ame humaine (2), et reconnaissait ainsi, au milieu de toutes les contradictions de sa doctrine, que le bien consistait dans le sacrifice de sa personnalité, et le mal dans les satisfactions de ce qu'il appelait les penchans inférieurs. Mais tout en professant ces maximes, il proclamait un principe qui les nie. Ainsi, il appelait la pratique du bien la prédominance des organes propres à l'homme, et la pratique du mal la prédominance des organes communs à l'homme et aux animaux. N'était-ce pas donner à la conviction spiritualiste qu'il cherchait à défendre contre les conséquences fatales du

(1) Nous n'avons jamais pu concevoir ce que les phrénologistes entendent par *intellect*, *raison*, *volonté éclairée;* ces mots sont dans leur système des *non-sens*, aussi s'en servent-ils très rarement.

(2) Nous avons dit ailleurs que Spurzheim reconnaissait l'existence de l'ame.

système, une expression que le matérialisme le plus opiniâtre ne saurait désavouer?

A quoi bon tant insister sur ce sujet. La démonstration que nous voulons donner ne résulte-t-elle pas de la lettre et de l'esprit des écrits des phrénologistes? M. Broussais n'a-t-il pas dit et écrit tout récemment encore que, parmi les auditeurs qui assistaient à son cours, il devait s'en trouver certainement un très grand nombre dont l'organisation cérébrale entraîne nécessairement la condamnation de la doctrine qu'il professe? Essayez après cela de diriger les sociétés et d'imposer aux hommes qui les gouvernent l'obligation de les faire progresser vers le but commun. Que deviennent alors l'éducation et le principe de la fraternité, que deviennent le but commun et la loi commune de l'activité humaine, que deviennent les devoirs communs, le dévouement et le sacrifice? Tout cela cesse d'exister; tout cela est englouti dans l'abîme au fond duquel le système entraîne avec lui tout principe de certitude morale, et toute liberté humaine.

Examinons, en effet, les applications de la physiologie à l'éducation; nous l'examinerons ensuite dans ses conséquences sociales et politiques.

§ II.—*De l'éducation, des œuvres d'art et des lois pénales, selon le système phrénologique.*

Il en est de l'éducation comme de la morale qu'elle est destinée à transmettre et à incarner en quelque sorte dans l'homme : les phrénologistes en parlent beaucoup, mais le système en nie la puissance.

L'éducation consiste à enseigner à l'homme le but

de son activité et à transmettre à son esprit la foi chrétienne en vertu de laquelle les aptitudes animales doivent être dirigées. Or cette foi, cette certitude morale, n'existent pas dans les organes, elles doivent être créées par l'enseignement moral, par la parole. Or, les phrénologistes, confondant cette certitude morale qui domine l'instrumentalité organique et qui n'en fait pas partie, avec les aptitudes et les talens naturels qui en dépendent incontestablement, sont nécessairement entraînés à nier la puissance créatrice de l'éducation. C'est précisement ce qu'ils font.

Les phrénologistes prétendent que la puissance de l'éducation consiste à exercer les organes des sentimens supérieurs ou propres à l'homme; mais ce langage nouveau qui traduit une idée très vulgaire ne semble-t-il pas confondre le principe de toute certitude morale avec l'exercice des organes, et le principe d'activité avec les aptitudes qui doivent être exercées à concourir à ce but? N'est-ce pas, en un mot, confondre ce qui est de l'esprit avec ce qui est de la chair, ce qui est de l'éducation avec qui est de l'instruction. Le système confond tout cela; il est impossible aux phrénologistes de comprendre que l'éducation ne consiste pas à exercer nos aptitudes naturelles; en cela, comme sur plusieurs autres points, ils sont en communion parfaite avec les ecclectiques qui gouvernent la France. Les uns et les autres, proclamant également la souveraineté des habiles et des forts, devaient conclure à la négation de tout principe de certitude, de toute éducation commune. Eh bien! nous le répétons aux uns et aux autres: l'éducation consiste à enseigner à l'activité humaine sa loi et son but, tandis que l'instruction consiste à lui donner les moyens d'accomplir l'une et de réaliser l'autre, selon les aptitudes diverses de chaque organisme, et à exercer convenablement ces aptitudes.

Il ne faut pas croire, au reste, que le système ait proposé des réformes réelles et positives dans l'éducation; à ce sujet comme sur plusieurs autres, il a promis de fort belles choses et il n'a encore rien essayé. Nous pensons qu'il en sera long-temps ainsi. La société est en possession de moyens nombreux et puissans d'éducation. L'enseignement moral formulé en préceptes est celui qui s'adresse directement à l'esprit. Il en est d'autres qui s'adressent plus particulièrement à l'organisme animal, en agissant sur les aptitudes sympathiques ou sur ses penchans inférieurs. Les œuvres d'art et les systèmes de pénalité appartiennent à ces derniers.

Les phrénologistes ne sauraient concevoir la puissance éducatrice de ces deux mobiles associés à la parole, eux qui regardent une œuvre d'art comme le délassement d'un homme de talent ou comme une fantaisie qui demande à être satisfaite, eux qui regardent les condamnations de la justice comme de simples garanties pour la sécurité publique.

Qu'est-ce, en effet, qu'une œuvre d'art? L'art est-il autre chose que l'ensemble des moyens propres à exprimer et à propager sympathiquement les sentimens humains? Une œuvre d'art doit donc exprimer un sentiment moral et appeler, par cette expression, l'imitation sympathique des hommes (M). L'art est donc un instrument puissant d'éducation. Le système ne saurait accepter cette vérité. Pour lui, un artiste est un homme heureusement doué d'un ou de deux organes très développés ou très actifs, qui le portent à percevoir les tons, les nuances, les couleurs, les accords, la mesure, la figure, etc. Il est impossible qu'il admette la destination sociale d'un art, de la peinture, par exemple, dans laquelle il ne voit pas une aptitude d'expression sentimentale, mais seulement l'activité de l'organe de la peinture (selon Gall), ou des organes des couleurs et de la configuration (selon Spurzheim)? Comment les docteurs du système admettraient-ils la destination sociale de l'art musical, eux qui ne voient dans ce moyen d'expression que l'activité de l'organe qui perçoit les accords (selon Gall), ou des organes qui perçoivent les tons et le temps (selon Spurzheim)?

Or, nous disons, nous, qu'une œuvre d'art est un moyen propre à exprimer un sentiment social, transmis à l'éducation par l'esprit de l'homme, et que l'employer à exprimer un sentiment individuel, à satisfaire une fantaisie personnelle, c'est choisir librement la voie du néant et du mal, c'est faire une œuvre nulle ou une œuvre mauvaise, c'est faire servir à la propagation de pensées égoïstes et coupables l'instrument le plus puissant de l'éducation sociale (1).

S'agit-il de modifier les systèmes de pénalité adoptés par les législateurs et introduits dans les codes des nations, la phrénologie demandera d'intervenir; elle réclamera l'application de ses principes. Or, ces principes et leurs conséquences sont maintenant connus de nos lecteurs; il est inutile de déchirer encore le voile dont le système a soin de les couvrir. Le principe et sa conséquence la plus logique, celle contre laquelle toutes les subtilités échoueront, ne peuvent-ils pas être exprimés en ces termes : L'homme n'est pas une acti-

(1) Voyez *l'Européen*, numéro 6, pag. 171 et suiv.

vité unique et continue il n'est autre chose qu'une multiplicité et une successivité organiques ; il est un animal qui ne se meut et n'agit qu'en vertu d'une des impulsions qui partent successivement de ses organes cérébraux ; il en résulte que ce n'est pas l'homme qui doit être puni ; mais que le châtiment social doit frapper l'organe fatal (selon Gall); ceux qui l'ont assisté ou qui ne l'ont pas empêché de faire dominer son impulsion (selon Spurzheim) ; il en résulte donc que l'organe excitateur et ses complices doivent seuls être frappés. Or, comme on a des exemples de cerveaux dont plusieurs parties ont été gravement lésées sans que la mort s'en soit suivie, les phrénologistes devraient nous proposer de porter le fer et le feu dans la circonvolution qui aurait été assez coupable pour commander impérieusement un crime. Dans ce cas seulement, nous pourrions accepter l'influence que le système réclame pour ses docteurs dans les recherches de la justice et dans les arrêts des tribunaux. Qu'on veuille bien nous dire à quel titre ils manifesteraient une pareille prétention, s'ils ne se décidaient à l'exprimer dans les termes dont nous nous sommes servis, ce dont ils se gardent bien. Dans cette question, au reste, comme dans toutes les questions d'application, ils se bornent à faire des phrases pompeuses, de belles promesses, ils se bornent à parler de l'*indulgence mutuelle*, de l'empire fatal de certaines organisations, et à reproduire tous les lieux communs auxquels les avocats ont habitué les juges depuis quelques années, et qu'ils ne cessent d'invoquer en faveur de ces misérables bandits qui professent ou qui pratiquent la doctrine de l'assassinat. Braves gens qui réservent toute leur pitié pour les voleurs et les meurtriers et qui sont sans pitié pour les victimes et pour la société ! Les phrénologistes accuseront tout, excepté le coupable, tout, excepté l'éducation qu'il aura reçue ; car l'éducation *ne crée rien*.

Or, nous prétendons, nous, que l'éducation crée le sentiment de la lutte du bien et du mal, celui du devoir, celui de la lutte contre les impulsions animales, et si nous avions à nous plaindre des arrêts de la justice, ce serait parce que, hors du catéchisme, l'homme ne reçoit aujourd'hui de la société aucune éducation sociale, commune et égale pour tous. Laisserons-nous aux phrénologistes le soin de réclamer cette unité et cette égalité dans l'éducation, à eux qui prétendent que l'éducation *ne crée rien* et qu'elle est impuissante à arrêter les tendances fatales de l'organisme ?

Les phrénologistes regardent les institutions judiciaires comme des institutions de répression et de vindicte publique; ils ne les regardent pas comme des institutions d'éducation sociale. Aussi, accusent-ils de barbarie et de cruauté tout code pénal qui ne se borne pas à pardonner, ou à mettre les coupables dans l'*impossibilité de nuire à la société.* Le système est très conséquent en adoptant cette maxime. En effet, 'homme étant représenté comme une machine qui se meut par ses propres forces avec une fatalité qu'on peut comparer à celle d'une montagne qui s'écroule, ou d'un boulet lancé par un canon, il en résulte que si une de ces machines animales est entraînée irrésistiblement à nuire à la société ou à quelques-uns de ses membres, la société doit se borner à se soustraire aux dangers de sa présence, sans faire peser sur cette machine une injuste condamnation. Cet appel à l'indulgence, qui tient à ce que le système n'admet aucun principe de certitude morale, nous paraît renfermer une singulière contradiction. Il semble, en effet, que c'est demander à la justice d'avoir égard, dans les applications, au caractère humain d'un être dont on fait une machine dans la théorie. En réalité, par cet appel à l'indulgence, le système nous apprend que pour lui *folie* et *culpabilité*, de même que *instruction* et *éducation*, *science* et *morale*, *savoir-faire* et *dévouement*, sont une seule et même chose. Pour lui le bien, le mal, la justice, le crime, la vertu, le devoir, sont des abstractions, des abstractions creuses, stériles ou fausses, dont il faut faire justice.

Supposons, s'il le faut, que cette indulgence, réclamée avec tant de bienveillance pour les criminels, ne soit pas la négation de toute éducation sociale et de toute certitude morale; supposons que le législateur n'ait pas prévu les cas où elle peut être légitime. A quoi servira l'intervention du système dans les arrêts de la justice? Les phrénologistes oseront-ils, au milieu des débats solennels qui précèdent le jugement, ou dans les recherches minutieuses qui précèdent les débats, oseront-ils venir montrer, sur le crâne de l'accusé, le signe fatal qui prononce son acquittement ou sa condamnation? oseront-ils porter, à la fois, dans le sanctuaire de la justice, et les principes qui nient la liberté humaine et les jongleries cranioscopiques qui expriment si dignement ces principes?... Franchement, nous les croyons encore trop honnêtes gens ou trop habiles pour oser mentir à ce point.

§ III. — *Des applications du système phrénologique aux institutions sociales et politiques.*

Les gouvernemens, dont tous les efforts tendent à assurer la domination d'une caste privilégiée et la soumission des classes les plus nombreuses, sont intéressés au triomphe de la doctrine que nous examinons. En effet, une doctrine qui proclame en principe et en fait l'inégalité entre les hommes, parce qu'elle n'admet dans l'homme que des aptitudes naturelles; qui place nécessairement dans la diversité et l'inégalité de ces aptitudes la raison des différences qui existent entre les hommes; qui fait du développement et de l'énergie de ces aptitudes héréditaires un titre nécessairement héréditaire de supériorité sociale; une pareille doctrine doit incontestablement donner sa sanction et prêter son appui à l'habileté et à la force de ceux qui savent conquérir ou conserver le pouvoir. Il n'y a rien de forcé dans ce raisonnement; et nous sommes convaincus, à voir la bienveillance avec laquelle certains gouvernemens, très susceptibles d'ailleurs, accueillent ces principes, qu'ils en tirent très logiquement la même conséquence. Or, comme nous ne croyons pas que l'habileté et la force constituent un droit; comme nous ne regardons le droit des gouvernemens que comme un instrument de leurs devoirs; comme nous plaçons leurs devoirs dans le dévouement à l'œuvre de la fraternité; comme nous plaçons la morale au-dessus de l'habileté, la foi chrétienne au-dessus des impulsions animales; comme, en un mot, nous sommes spiritualistes et chrétiens, nous regardons comme une obligation sacrée celle de repousser, de combattre, d'anéantir toute doctrine qui tend à légitimer une aristocratie naturelle, en vertu d'une prédestination organique et par conséquent héréditaire, toute doctrine qui conclut à une oligarchie intellectuelle ou guerrière, toute doctrine qui tend à constituer des races se transmettant fatalement par voie de génération les conditions organiques de leur supériorité ou de leur infériorité sociale; toute doctrine, enfin, qui tend à mettre les sociétés entre les mains des plus habiles et des plus forts. A d'aussi funestes doctrines nous opposons celle de l'Évangile, qui prononce anathème contre le droit ancien de la ruse et de la force, qui proclame le droit nouveau de la morale, du sacrifice, du dévouement. En vertu de quel droit, en effet, des générations d'hommes viendraient-elles proclamer et réaliser les maximes révolutionnaires, si une certitude morale ne présidait à leurs actes et ne leur commandait les sacrifices et les souffrances; si les douleurs, au milieu desquelles elles peuvent succomber, ne rendaient témoignage d'une foi vive et inébranlable? Une révolution sociale n'est pas légitime, parce qu'une classe froissée dans son orgueil ou dans son égoïsme, se soulève dans sa colère et demande avec violence à être admise au banquet des classes supérieures; une révolution n'est légitime, elle n'est le plus saint des devoirs, que lorsque la morale et le dévouement demandent à occuper chrétiennement la place occupée par l'égoïsme et par l'immoralité; elle n'est légitime que lorsque le dévouement et la morale arrachent des mains de l'égoïsme la force dont il se sert pour le mal; elle n'est légitime que lorsque le dévouement et la morale demandent à mettre la force sociale et les aptitudes naturelles au service de la foi et de la réalisation chrétiennes.

Tels sont les principes qui doivent présider à la science sociale. Quelle puissance humaine pourra les contester? Tels ne sont pas les principes dont le système réclame l'application. La phrénologie nie l'unité et l'activité spirituelle de l'homme, elle nie la puissance du principe de certitude sur les impulsions de la vie animale, elle nie la puissance créatrice de l'éducation; elle ne saurait donc exiger pour les sociétés une loi commune, en vertu de laquelle la morale et le dévouement seraient seuls appelés à diriger les sociétés vers le but commun.

En effet, le système reproduit au service des aristocraties modernes, et dans les mêmes termes, les doctrines et les argumentations à l'aide desquelles les philosophes de l'antiquité légitimaient l'esclavage et l'inégalité. Qu'on se rappelle la doctrine indienne assignant aux castes supérieures la possession héréditaire du *satwa*, qui les prédestine à la direction sociale, tandis que le *tamas* (1) est la condition fatale des aptitudes du plus grand nombre.

Que disent les phrénologistes ?.... Ne voyant dans l'homme que des aptitudes organiques ou naturelles, ils sont forcés de reconnaître qu'un petit nombre d'hommes est doué des aptitudes supérieures, qui sont le seul titre de supériorité aux yeux du système, et que le plus grand nombre est placé fatalement sous le joug des penchans inférieurs. Il en résulte que ceux-là doivent né-

(1) Le tamas des Hindous est représenté par le θυμος de Platon. Ces deux mots ont évidemment la même origine; ils signifient d'ailleurs l'un et l'autre: *ténèbres*, *aveuglement*.

cessairement diriger les sociétés, ainsi que le prétendent les docteurs de l'ecclectisme. « Dans la sixième classe, dit Gall, se trouve la foule des hommes ordinaires. Mais comme les organes communs aux animaux occupent la plus grande partie du cerveau, ces hommes restent bornés à la sphère des qualités animales; leurs jouissances sont celles des sens, ils *ne produisent sous aucun rapport rien de remarquable* (1). » Gall tire de ces faits cette conclusion que : « peu d'hommes ont été destinés à jouer un grand rôle soit sous le rapport des qualités morales, soit sous le rapport des facultés intellectuelles. Chez la plupart, ajoute-t-il, les forces morales et intellectuelles sont confinées dans une sphère assez étroite. Procréer, donner les premiers soins aux enfans, gagner sa vie par un travail quelconque, labourer la terre, pêcher, chasser, *obéir au plus fort*, défendre ses propriétés et sa patrie, (la patrie du plus fort, très probablement); se livrer aux jouissances grossières, voilà les occupations du grand nombre et qui exigent un très-faible emploi des facultés caractéristiques de notre espèce. Aussi est-il démontré par l'observation la plus constante que la région frontale où nous avons le

(1) Dans chaque ligne, jusque dans le choix des mots, on voit percer la pensée dominante du système. On croirait lire une circulaire de M. Guizot ou de M. Cousin, tant on a soin de subordonner la morale sociale au savoir et au talent, l'éducation qui doit être la même pour tous à l'instruction qui varie selon les aptitudes. Cette réflexion nous est suggérée surtout par ces mots : *Ils ne produisent rien de remarquable*. Qui oserait affirmer cette proposition, s'il s'agissait de la morale ? Qui oserait mettre en doute les sacrifices et le dévouement de la classe la plus nombreuse et la plus pauvre ? n'est-ce pas cette classe qui est toujours prête à la mort et à la misère pour défendre la patrie et la liberté, que les habiles et les savans sont toujours prêts à exploiter à leur profit ?

siége des facultés distinctives de l'homme ne surpasse que rarement un degré très-médiocre de développement..... Le développement trop faible des parties antérieures supérieures les abandonne aux faux jugemens, aux préjugés et à la superstition (1). »

Il serait impossible de proclamer avec plus d'assurance le principe de la prédestination héréditaire du plus grand nombre à toutes les misères et à toute sorte d'asservissemens. Que peuvent contre des citations aussi positives les phrases déclamatoires sur la morale, sur la liberté, sur l'éducation *qui ne créé rien!* Toutes les subtilités à l'aide desquelles le système cherche à voiler les conséquences de ses assertions doivent désormais être familières à nos lecteurs ; elles ne serviront qu'à leur montrer l'hypocrisie marchant à la suite de l'immoralité et de l'erreur.

Voici maintenant ce que dit Aristote qui semble venir après Gall pour proclamer les mêmes données et pour en tirer plus franchement les véritables conséquences.

(1) *Physiologie du cerveau et de ses parties*, tom. V, pag. 219, 220.

Cette même pensée est exprimée par le rédacteur en chef du *Journal de la Société phrénologique de Paris*, dans une analyse qu'il donne d'un Mémoire de M. Broussais. Voici les expressions dont il se sert : *La prédominance du volume des régions consacrées aux instincts sur celles de l'intelligence lui sert à expliquer pourquoi la multitude obéit plutôt à ses instincts et à ses sentimens qu'à sa raison.* On a de la peine à concevoir tant d'égarement en présence de l'histoire qui nous montre le christianisme surgissant d'une humble demeure et faisant la conquête du monde par le dévouement et le martyre de cette multitude qui *obéit plutôt à ses instincts et à ses sentimens qu'à sa raison.* Malheureux ! que seriez-vous sans cette multitude dont le sentiment social est toujours prêt à sauver la France et à maintenir sa fonction chrétienne, alors que ceux qui obéissent plus à la *raison* qu'à leurs *sentimens* sont toujours prêts à la trahir. Esclaves ou serfs, vous traîneriez devant de hauts et de puissans seigneurs cette existence humble et soumise que leur *raison* éclairée imposerait à vos *instincts*.

« Tous ceux, dit Aristote, qui n'ont rien de mieux à nous offrir que l'usage de leurs corps et de leurs membres, sont condamnés par la nature à l'esclavage. Il vaut mieux en effet pour eux de servir que d'être abandonnés à eux-mêmes.... Toute la différence entre ceux-ci et les bêtes, c'est que les bêtes ne participent aucunement à la raison, n'en ont pas même le sentiment, et n'obéissent qu'à leur sensation, tandis que ceux qui n'ont que l'instinct sentent fort bien la raison dans les autres et n'en ont pas l'usage pour eux-mêmes. Du reste l'usage des esclaves et des bêtes est à peu près le même, et l'on en tire les mêmes services pour les besoins de la vie (1). »

Ne dirait-on pas que Gall et Aristote se sont copiés l'un l'autre, surtout dans les lignes suivantes : « *La nature*, poursuit le chef du Lycée, *a pour ainsi dire imprimé la liberté et la servitude jusques dans les habitudes corporelles.* Ne voyons-nous pas des corps robustes, tout taillés pour porter des fardeaux et pour d'autres usages aussi nécessaires, d'autres, au contraire, mieux organisés, mais plus faibles, incapables d'une pareille charge, bons uniquement pour la vie civile, c'est-à-dire pour les exercices de la paix et ceux de la guerre (2). » Mais Aristote se fait une objection assez embarrassante, il se demande si par cela seul que les hommes brutes peuvent avoir les formes extérieures

(1) *Politique* d'Aristote, liv. I, chap. 5.

(2) Ici le sophisme d'Aristote est par trop impertinent ; si l'on ne savait que les guerriers formaient une caste supérieure, et qu'elle se gardait bien de laisser porter aux esclaves les insignes de sa fonction, on ne comprendrait pas comment des hommes vigoureux et robustes fussent déclarés incapables de faire la guerre.

des hommes libres, et que ceux-ci peuvent avoir celles des hommes brutes, cette désharmonie exceptionnelle ne doit pas intervertir les droits et les devoirs, et ne doit pas faire d'un esclave un homme libre et d'un homme libre un esclave. Non, répond Aristote, « Car si les qualités du corps peuvent être discernées, il n'en est pas de même de l'ame (1). » Il en conclut que : « par les lois de la nature il y a des hommes faits pour la liberté et d'autres pour la servitude, auxquels il convient par intérêt et par justice de servir. » Sur ce point Platon s'accordait avec Aristote, Zénon avec Epicure, et Cicéron avec Sénèque (N). Un poète de Rome s'écrie étonné des égards qu'un chevalier témoignait à un esclave :

O demens ! ita servus homo est !

Les anciens théologiens de l'Inde avaient dit les mêmes choses plusieurs siècles avant Aristote. Des mêmes principes ils avaient tiré les mêmes conséquences. Dans deux sections d'un chapitre des *Brahma Soutras*, l'auteur demande si quelque autre qu'un homme régénéré (ou un Hindou des trois premières classes) a les qualités requises pour les études théologiques et les acquisitions théognistiques. La solution du doute est, dit Colebrooke « qu'un soudras ou homme d'une caste inférieure est incompétent ; » on se rappelle que cette caste était placée sous l'empire de instincts inférieurs représenté par le *tamas* (2).

(1) Ce sophisme serait encore plus impertinent que le précédent, si l'on ne savait que la philosophie grecque n'est autre chose qu'une émanation lointaine mais incontestable du dogme de la chute, et qu'à ce titre elle admettait l'inégalité des ames humaines venues sur la terre pour expier leurs transgressions antérieures.

(2) Colebrooke, *Essai sur le Védanta*. Voyez le passage du Code de

A ce langage l'Evangile oppose celui-ci : Il n'y a parmi vous ni maîtres, ni esclaves, ni juifs, ni gentils;... Il y a bien diversité de dons, mais il n'y a qu'un seul esprit;.... Celui qui veut être le premier d'entre vous, doit être le serviteur de tous..

A ce langage, nous disciples du Christ, et non des prêtres et des philosophes de la Grèce et de l'Inde, nous opposons celui-ci : Les hommes diffèrent par les aptitudes organiques ou naturelles, mais cette diversité est subordonnée à l'unité spirituelle, qui est la même pour tous. La direction des sociétés n'appartient pas aux plus habiles, ni aux plus forts, mais aux plus dévoués, mais à ceux qui consacrent avec le plus de persévérance et d'énergie, à la conquête de la fraternité, leurs aptitudes naturelles, leur intelligence et leurs forces. « Car l'esprit seul vivifie et la chair ne sert de rien. »

Viennent ensuite les hommes vains et fiers de leur intelligence, heureux de leur habileté et de leur savoir-faire, que le pouvoir a comblés de faveurs et de distinctions : qu'ils viennent après cela en face d'une jeunesse studieuse, qui aspire à mettre les aptitudes naturelles qui la distinguent au service du but commun qui est la fraternité, de la fonction commune qui est la patrie et la France ; qu'ils viennent prononcer des paroles dédaigneuses contre le *Christianisme moderne ;* qu'ils viennent fouler aux pieds et les sacrifices de nos pères, et les sacrifices de nos enfans, qu'a commandés notre divin maître; qu'ils viennent déclarer impuissante l'éducation qui transmet cette parole à l'esprit de l'homme; qu'ils viennent déclarer chimérique l'activité de cet

Manou que nous avons rapporté dans une note d'un des paragraphes précédens. Voyez la note C.

esprit, et son existence une abstraction ; qu'ils viennent répéter les maximes qui ont servi pendant plusieurs milliers d'années à affermir la domination de quelques races privilégiés et l'asservissement de l'immense majorité des hommes; qu'ils viennent formuler leur inintelligent mépris pour la religion du pauvre et de l'opprimé...... le pauvre et l'opprimé régneront un jour; ils sauront où sont leurs ennemis, ils les reconnaîtront à leurs doctrines et à leurs œuvres.

Et le progrès, cette manifestation éclatante de la volonté de Dieu, qui préside à tous les faits cosmogoniques et humanitaires, qui en est à la fois la formule et la loi, de quel droit, en vertu de quelle doctrine l'affirmez-vous? Non! vous ne l'affirmez pas, vous le niez. En effet, qu'est-ce que le progrès selon le système? Il n'est autre chose qu'un vague et souvent contestable perfectionnement de quelques détails scientifiques, de quelques spécialités dans l'industrie et dans les arts. C'est *le sens de la mémoire des faits* que Gall charge de ce perfectionnement en le décorant du titre de sens de la *perfectibilité* ou de *l'éducatilité*. Spurzheim fait concourir son organe de l'idéalité à l'entrée en exercice de cette grande faculté... Quelle intelligence des choses humaines! Quelle ignorance stupide et grossière!

Pour le système, les faits sociaux et religieux sont des faits incompréhensibles; la loi de leur succession et de leur rapport est une loi trop élevée pour que, courbé comme il est sous le joug de la fatalité organique, il puisse s'élever jusqu'à elle; la loi du progrès en vertu de laquelle des buts partiels, toujours plus grands, toujours plus près d'accomplir le but définitif de l'humanité, sont révelés à l'activité humaine, cette loi en vertu de laquelle l'homme mérite ou démérite devant Dieu, en associant sa volonté à la volonté divine, ou en sacrifiant à son égoïsme animal, en vertu de laquelle l'homme crée une mémoire qui lui survivra devant Dieu, cette loi ne saurait être comprise par le système. Pour le système, le monde tourne dans un cercle sans fin de sauvagerie et de civilisation, de grandeur et de misères. Pour le système, les condamnations successives et sans retour de l'antropophagie, de l'esclavage, des nationalités exclusives, et l'avancement du règne de l'unité humaine, sont des phénomènes incompris et étranges (1). Lisez en effet : « L'homme était destiné, dit Gall, à vivre sous les influences les plus variées. L'état sauvage, la barbarie, la civilisation sont tour à tour sous mille formes différentes son héritage. Aucune stabilité et souvent contradiction directe dans les gouvernemens, dans les lois, dans les religions qui ont toujours pour fin de diriger ses pensées et ses actions..... Il devait porter en lui-même le principe de la perfectibilité; l'*envie de s'instruire* (ce sont là les seules sources de progrès admises par l'ecclectisme et par la phrénologie), devait nécessairement lui inspirer du *mépris pour l'ingnorance*, *de l'aversion pour les défectuosités*, de l'estime pour la perfection. Le sauvage et l'homme d'état, les nations et les indi-

(1) La démonstration historique de ces révélations successives dont la dernière vient accomplir et non changer la précédente, est un des travaux les plus importans de notre école, pour laquelle le *progrès* n'est pas une loi fatale de l'ordre du corps brute; pour laquelle au contraire le *progrès* est une loi de prévoyance, de liberté, d'activité et de travail, en vertu de laquelle l'homme est associé à l'œuvre de Dieu. Voyez l'*Introduction à la science de l'histoire*, de M. Buchez; voyez *l'Européen* de 1831, 1832, 1335 et 1836; voyez aussi les préfaces de l'*Histoire parlementaire de la Révolution française*, par Buchez et Roux.

vidus tendent toujonrs et portent au même but (1). » Quelle philosophie de l'histoire ! Le but moral de la société ne se trouve jamais exprimé dans le système ; le sentiment social n'y trouve pas une seule expression ; mais on y rend à chaque ligne des hommages à l'aristocratie du savoir et du talent qui *méprise l'ignorance* et qui *a de l'aversion pour les défectuosités*. Quelle intelligence du progrès ! Quelle morale sociale !

Peuvent-ils comprendre la loi du progrès, les docteurs de l'école qui nient la puissance créatrice de l'esprit, qui seul crée, découvre, invente soit dans les arts, soit dans les sciences, soit dans l'industrie ? Peuvent-ils le comprendre, eux qui ne voient dans le sculpture que l'imitation matérielle des formes, dans la peinture que l'imitation des couleurs ? Peuvent-ils concevoir la loi du progrès, eux qui ne voient dans une conception scientifique générale qu'une manifestation de la mémoire des choses assistée peut-être de deux

(1) *Physiologie du cerveau*, tom. IV, pag. 414.

Nous avons lu un livre intitulé : *Introduction à l'étude de la phrénologie*, dans lequel l'auteur a entassé tant d'erreurs, tant de *non-sens*, tant de contradictions, dans lequel il amalgame tant de maximes diverses, saint-simoniennes, matérialistes, chrétiennes, fouriéristes, que nous avons cru devoir nous abstenir de le nommer, par indulgence pour un confrère. Dans ce livre, qui se distingue au reste par un très beau papier et par de très jolis caractères, l'auteur prépare une classification nouvelle des facultés dans laquelle il range, arrange, administre, les organes cérébraux, avec une indépendance qui lui attirera probablement quelques désagrémens de la part de ces autres docteurs du système phrénologique. Quoi qu'il en soit, nous prions nos lecteurs, si jamais ce livre tombe entre leurs mains, de lire les pages où l'auteur fait l'application de sa classification à la science de l'histoire et au progrès. Ils verront que jamais le saint-simonisme n'eut un plagiaire moins modeste, et que la science de l'histoire n'eut jamais un interprète plus pitoyable. Nous préférons signaler ces pages à nos lecteurs, que d'employer notre temps à les leur faire connaître nous-même.

organes? Peuvent-ils comprendre que les plus hautes conceptions scientifiques émanent de la foi, qui seule renferme nécessairemant la loi des rapports établis par Dieu entre l'activité humaine et le monde, et la loi de succession de ces rapports dans le cours des âges? Peuvent-ils concevoir que les créations dans les arts, que les vastes conceptions architecturales émanent de la foi et non des sens qui se bornent à imiter? Cela est impossible. Pour eux comme pour M. Lélut, leur indulgent critique, une force fatale emporte l'humanité comme elle emporte les choses et les bêtes; pour eux comme pour M. Lélut, l'éducation sociale, l'enseignement d'un but commun, le principe de certitude morale sont de vaines et stériles conceptions; car « l'humanité, dit M. Lélut, s'améliore, *progresse* d'elle-même en vertu d'une marche fatale qui briserait Gall et Saint-Simon, et tous ceux qui après avoir bourdonné sur le timon du char, seraient tentés de se placer sur sa roue pour en arrêter le mouvement (1). » Il en résulte que les hommes comme les animaux doivent vivre selon leurs impulsions naturelles, sans loi commune, sans but commun, sans principe de certitude, et s'abandonner paisiblement à leurs goûts, à leurs délectations et à leurs penchans, en comptant sur les forces fatales qui emportent le char de l'humanité.

Conclusion.

Qu'est-ce que la phrénologie?... D'après tout ce que nous venons de dire, les lecteurs ont déjà trouvé la réponse. C'est un système qui ne trouve pas même un

(1) Voyez la fin de l'ouvrage que nous avons cité.

nom (1), qui admet en *principe* la passivité et la fatalité organique de l'homme, qui proclame une *méthode* prétendue positive d'investigations psychologiques, reconnue inexacte et mensongère par les docteurs eux-mêmes, qui expose touchant l'*innéité*, la *coordination* et *le mode d'action* des facultés, une *théorie* fausse et extravagante sur laquelle les maîtres sont loin de s'accorder, qui, dans *ses conséquences*, nie tout principe de certitude morale, la liberté, l'éducation, la fraternité et le progrès; un système, enfin, qui part d'un principe mauvais pour conclure au mal. Quant aux efforts d'habileté hypocrite à l'aide desquels les phrénologistes ont soin de désarmer les préventions honnêtes, nous les regardons comme un témoignage heureux de la réprobation universelle dont les principes matérialistes sont l'objet dans la société française.

(1) La phrénologie est réellement un système sans nom. En effet, de quel nom désigner cette doctrine? Est-elle un système *psychologique?* Les docteurs s'élèvent contre ce mot; car ils trouvent que l'ame ou la ψυχη est tout-à-fait étrangère à leur science. Ce mot, disent-ils, suppose un *moteur*, une *puissance inaccessible à nos sens*, et que la science ne peut atteindre. (Voyez la première leçon de M. Broussais.) Est-elle un système *phrénologique?* Pas davantage; car l'esprit ou le φρὴν n'est pas plus accessible aux sens de ces docteurs. Doit-on lui conserver le titre de *physiologie du cerveau et de ses parties*, donné par Gall? Pas davantage; car en tant que physiologie du cerveau, le système n'existe pas; il se borne à cet égard à affirmer ses prétentions cérébroscopiques, dont les docteurs eux-mêmes connaissent le néant. La phrénologie est donc un système sans nom, qui proclame la solidité de ses bases anatomiques et physiologiques, et qui déclare que « l'anatomie du cerveau humain et l'anatomie comparée de cet organe n'ont jamais pu servir de guide pour déterminer les fonctions des diverses parties » (Spurzheim, *Obs. sur la phrén.*, pag. 82); qui proclame une méthode dont il se garde bien de se servir jamais; qui reproduit une théorie déjà adoptée par une école psychologique antérieure, et qui conclut à une morale semblable à celle qui émane de toutes les doctrines créées pour défendre l'inégalité et l'esclavage.

NOTES.

NOTES.

NOTE (A), Page 4.

Erreur des phrénologistes qui affirment une doctrine spiritualiste.

Nous avons sous les yeux un article du Journal de la Société phrénologique de Paris, dans lequel un membre de la minorité paraît faire un acte de courage, en affirmant une croyance spiritualiste. Comme ce membre (M. D. Richard) semble y protester, dans une note, contre les opinions de la majorité, nous croyons devoir reproduire quelques-unes de ses paroles. « Il est impossible de s'occuper de science sans y porter ses idées philosophiques sur la création et la vie. Celui qui ramène tout aux combinaisons fortuites des élémens matériels, fait rentrer la phrénologie dans le cadre de ses idées; il en est de même de ceux qui, *ainsi que nous*, admettent la préexistence d'une volonté et de lois diverses, immuables, pour diriger ces mêmes combinaisons. En science les opinions sont individuelles, et chacun répond de ses écrits et de ses paroles. A ce propos nous déclarons avoir lu avec une extrême surprise le titre qu'un de nos estimables collègues, le D. Mege, de l'Académie royale de Médecine, a cru pouvoir donner à une brochure récemment publiée. Appeler *Manifeste des principes de la Société phrénologique de Paris* une production individuelle à laquelle *plusieurs objections ont été faites au sein de la Société;* s'autoriser, pour lui attribuer cette valeur, de l'assentiment partiel de quelques membres, non convoqués pour délibérer sur une déclaration de principes; c'est, ce nous semble, oublier les maximes de la liberté scientifique et placer dans un étrange embarras la phrénologie et les phrénologistes. Ce serait d'ailleurs admettre qu'il en est des opinions scientifiques comme des lois politiques qui se déterminent à la majorité des suffrages. Or l'expérience des siècles démontre la fausseté et le danger d'une pareille maxime. Aussi la Société phrénologique a-t-elle décidé, imitant en cela tous les corps savans de nos jours, que les opinions de ses membres seraient personnelles. Membre de cette Société, nous protestons donc contre le titre du Mémoire de notre très honoré collègue, M. Mege. »

Nous avons transcrit ces paroles dans le but de montrer, 1° que, parmi les phrénologistes avoués, il en est qui prétendent rester fidèles à la doctrine spiritualiste; 2° que ces messieurs regardent cette doctrine comme une opinion *scientifique* indépendante du système; 3° que ce système est présenté par les uns et par les autres comme n'ayant rien à démêler avec cette opinion scientifique qui est libre; 4° que la majorité des phrénologistes professe incontestablement le matérialisme. Toutes ces choses sont importantes à connaître. Comment M. D. Richard formule-t-il son spiritualisme? comment repousse-t-il le matérialisme et le fatalisme qui découlent de la phrénologie? Il cite ces mots de M. Ch. de Villers, philosophe kantiste, qui se trouvent dans une lettre à Georges Cuvier, écrite en 1802 : *Au lieu d'avancer que nous avons telle faculté et telle disposition parce que nous avons tel organe, il faut poser en principe que nous avons tel organe parce que nous avons telle faculté et telle disposition; en sorte que nos facultés ne procéderont pas de nos organes, mais bien nos organes de nos facultés, ce qui est sans contredit le véritable point de vue de toute théorie psychologique de l'organisation.* Le phrénologiste de la minorité accepte avec plaisir cette *interprétation si claire, si précise,* qui lui paraît être encore *le point de départ le plus sûr et le plus vrai en phrénologie;* car *seule elle laisse à la volonté de l'individu et de la société toute leur importance*, car *seule elle ne détruit pas la notion du libre arbitre sans lequel*, dit-il, *il ne saurait exister pour nous, pures machines, ni liberté morale, ni liberté politique.* Ainsi toute la dissidence roule sur une transposition de termes et peut se réduire ainsi : Nous, spiritualistes, nous disons que les organes cérébraux existent parce qu'il existe des facultés ; vous, matérialistes, vous dites que les facultés existent parce qu'il y a des organes. Rien ne nous semble plus bizarre que cette manière de comprendre et d'apprécier la spiritualité humaine. Qu'il nous suffise de signaler les animaux chez lesquels les facultés existent comme chez l'homme, et chez lesquels des facultés n'existent certainement que parce qu'ils sont en possession d'organes nerveux, chez lesquels l'existence des facultés ne démontre assurément pas l'existence d'un principe d'activité spirituelle. Malheureusement la plupart des spiritualistes, animés d'un sentiment bon et vrai, se laissent trop souvent engager dans les voies d'une fausse méthode, ils s'y fourvoient à chaque instant. Aussi, quand on pose ses principes comme le fait M. D. Richard, on peut fort bien rester phrénologiste.

En effet, il ne suffit pas, pour être spiritualiste, d'affirmer une substance spirituelle, de proclamer l'existence de l'ame; car le panthéisme adopte le même langage, et certes, personne ne nous soutiendra que le panthéisme est la même chose que le spiritualisme. Nous voudrions montrer cette vérité à toutes les intelligences. Être spiritualiste, c'est avoir foi à la dualité, à l'activité *Dieu* et à la passivité *univers*, à l'activité *esprit* et à la passivité *organisme;* être spiritualiste, c'est distinguer ce qui est *instrument* de ce qui est *puissance*, c'est reconnaître la liberté des actes de l'esprit et la fatalité des mouvemens de la matière ; c'est, en un mot, distinguer ce qui est de la vie spirituelle de ce qui est de la vie animale et organique. Être panthéiste, c'est regarder tous les phénomènes cosmogoniques comme la manifestation formelle de Dieu; c'est regarder les fonctions animales comme les attributs de l'ame; c'est reconnaître dans la fatalité des mouvemens organiques la manifestation de l'ame humaine; c'est confondre l'activité avec la passivité, la fatalité avec la liberté; c'est nier la *dualité;* c'est ressusciter les doctrines de l'Inde, de la Perse, de la Grèce; c'est, en un mot, nier la séparation absolue de l'esprit et de la matière.

Qu'on lise les écrits des panthéistes, ceux de Spinosa, de Giordano Bruno, de Malebranche, de Berckley, etc.; on y trouve les doctrines dont les phrénologistes qui se disent spiritualistes adoptent le langage. Il faut que les mots prennent enfin une signification non équivoque. Il faut qu'il soit connu de tous que quand on dit que *l'amativité, l'alimentivité, la respirabilité, etc., sont des facultés de l'ame,* on admet dans les animaux et même dans les végétaux l'existence de l'ame, et que par conséquent c'est être panthéiste. Ceci est clair, simple, et nul ne pourra le contester. Or le panthéisme est une doctrine mauvaise et fausse.

Le langage de M. Ch. Villers, celui de M. Richard que nous venons de reproduire, est adopté par Spurzheim, par Gall, par les phrénologistes anglais, par tous ceux, en un mot, qui croient devoir dissimuler leurs pensées et qui, se croyant sincèrement spiritualistes, professent le panthéisme.

Quant à M. Broussais, il est plus franc ou meilleur logicien. Il se borne à dire que le mot *ame* n'est bon qu'à suggérer des idées hypothétiques; il s'en abstient, et l'abandonne aux croyances des esprits faibles. Quand il lui arrive de ne pas se prononcer franchement sur ce sujet, pour des raisons à lui connues, il préfère affecter le doute que proclamer une négation absolue.

NOTE (B), Page 23.

La méthode prétendue expérimentale des phrénologistes n'existe pas ; aveux des phrénologistes à cet égard.

Voici quelques passages d'un article que M. le D. Bailly (de Blois), le plus consciencieux des phrénologistes, dans un article inséré dans le Journal de la Société phrénologique de Paris, et intitulé : *Essai sur les moyens de faire faire des progrès à la phrénologie. Avantages, insuffisance et abus de la cranioscopie.*

« § 1er. — *Manie des chiffres.*

« Notre siècle est celui des chiffres, on veut les appliquer à tout et partout. C'est très bien pour les faits qui peuvent en supporter l'application ; mais c'est très mal pour ceux qui ne le peuvent pas.

« La science de l'intelligence ne devait pas échapper à la manie du jour ; elle devait subir la loi commune, et emprunter comme les autres, aux *poids* et *mesures*, ses procédés de recherches et d'investigation sur la force et le développement des facultés morales.

« Autrefois on jugeait les hommes par leurs ouvrages, par leurs actions ; aujourd'hui que fait-on pour apprécier le génie d'un grand homme ? S'il est mort, on met son cerveau dans la balance ; s'il est vivant, *on prend la mesure de son crâne dans tous les sens, et on vous donne le chiffre de sa valeur morale en millimètres ou en grammes.* C'est ainsi que la cranioscopie, qui, dans les mains d'un grand homme, a rendu des services si éminens à la science, est sortie, en devenant populaire, des limites où elle a une importance réelle ; c'est ainsi qu'elle nous conduirait aux conséquences les plus absurdes, si l'erreur elle-même pouvait marcher long-temps sans être reconnue et renversée. »

Avis donc à messieurs les phrénologistes qui font des cours publics et qui publient des comptes rendus. Avis à celui d'entre eux qui a dit et écrit : « *Que l'on nous apporte une seule tête d'un individu quelconque, éminent par une faculté quelconque, et dont l'organe qui y correspond soit déprimé, et nous nous avouerons vaincus. Jusque là, qu'il nous soit permis de croire à ce qui frappe nos sens et de nous livrer au perfectionnement d'une science qui ne s'écarte jamais d'une rigoureuse observation.* « (Journal de la Société phrénologique de Paris, n° d'avril 1835, *Compte rendu* pour l'année 1833-34, lu à la séance annuelle, le 22 août 1834, par M. le D. Casimir Broussais.) Avis aux phrénologistes qui portent des défis aussi extravagans? Il semble que M. le D. Bailly ait voulu soustraire le système à la condamnation que fait peser sur lui le zèle inconsidéré des docteurs de l'école. Il faut le dire, la réprimande est sévère, mais elle est inutile; car elle ne corrigera pas les logiciens de la doctrine.

Poursuivons notre citation :

« § 2. — *Services rendus par la cranioscopie.*

« ... La seule circonstance de la part du crâne de représenter *assez fidèlement*, au moins chez l'homme, le développement de la plus grande partie des circonvolutions, a donc été la condition la plus indispensable à la naissance de la phrénologie; sans elle, on aurait continué à marcher dans les anciens sentiers de la routine, on aurait continué à faire de la métaphysique et de l'idéologie vague et sans application pratique.»

Par ces mots et par ceux qui les précèdent immédiatement, M. le D. Bailly associe sa pensée à celle des phrénologistes en proclamant la *méthode cranioscopique* sans laquelle la *véritable philosophie de l'esprit humain serait encore à créer*. Mais qu'on ne se hâte pas d'en conclure que cette méthode soit bonne et qu'elle ait quelque valeur aux yeux du savant anatomiste. Il se hâte, en effet, d'ajouter les lignes suivantes :

« Quelques personnes qui s'occupent de phrénologie croient que la cranioscopie constitue toute la doctrine du D. Gall, ou au moins en est la partie la plus importante. C'est pour les désabuser que je vais passer en revue les différentes circonstances où elle a une haute importance et celles où elle est insuffisante aux progrès de la phrénologie. J'espère les mettre, de cette manière, en état de fixer leur attention sur la phrénologie elle-même, au lieu de la fixer sur un des moyens qu'il faut employer pour l'étudier et dont *elles ne paraissent pas soupçonner l'infidélité*. Cette *infidélité* une fois bien reconnue et bien constatée, il sera facile de comprendre *la fausse direction dans laquelle on s'enfonce, quand on croit faire de la science en s'amusant à mesurer le crâne dans toutes ses dimensions*, et en donnant des chiffres qui ne peuvent amener que des conséquences fausses et illusoires. »

Voici maintenant en quoi ces conséquences sont fausses et illusoires :

« § 3. — *Circonstances dans lesquelles la cranioscopie est utile.*

« Si toutes les circonvolutions cérébrales étaient placées de manière à ce que leur plus ou moins grand développement fût toujours traduit au dehors par le développement du même point de la surface du crâne, il serait toujours possible à celui-ci d'être l'expression fidèle du cerveau, et chacune de nos facultés pourrait, jusqu'à un certain degré, coexister avec une forme déterminée du crâne, que l'observation finirait par constater.

« La cranioscopie acquerrait bientôt une haute valeur comme moyen d'investigation. MALHEUREUSEMENT, IL N'EN EST POINT AINSI ; car *les mêmes développemens des mêmes parties du crâne, les mêmes mesures de tous les différens diamètres, les mêmes distances des différens points que l'on peut établir à sa surface, peuvent coexister avec le développement de facultés tout-à-fait différentes dans toutes ces différences.*

« *De sorte que deux têtes exactement et mathématiquement semblables par toutes les mesures que l'on voudra établir sur tous les points de la surface, et de quelque manière que ce soit, pourront appartenir à des individus entièrement différens par la nature et par l'énergie de leurs facultés.* »

Quoique M. le D. Bailly signale quelques cas peu nombreux où la cranioscopie peut être un guide moins incertain, nous tenons compte de ces assertions qu'il a lui-même écrites en caractères italiques. Nous ne pouvions trouver une condamnation plus complète de la méthode cranioscopique dans les écrits des adversaires les plus ardens de la phrénologie. Il suffit que cette condamnation soit acceptée par les docteurs de l'école pour que la méthode soit jugée aux yeux de tous.

Poursuivons nos citations.

« § 4.—*Circonstances dans lesquelles la cranioscopie est insuffisante.*

« .... La même portion du crâne *ne répondant jamais* aux mêmes circonvolutions, il est donc évident que toutes les mesures qu'on peut donner des différentes portions de la tête ne peuvent jamais avoir aucune importance pour donner une idée exacte des développemens des différentes facultés.

« Il est donc évident que, lorsqu'une région de la tête est lisse et uniformément bombée, il n'existe ni dans la cranioscopie, ni dans la céphalométrie, aucun moyen de constater le véritable état du cerveau qu'elle renferme.

« Une seconde cause d'insuffisance de la cranioscopie se trouve dans le fait suivant, qui va démontrer encore davantage l'importance de la forme des organes.

« Quelle que soit la valeur de la cranioscopie pour indiquer d'une manière plus ou moins précise le développement des circonvolutions cérébrales, on doit bien sentir que ce doit être à la condition que ces circonvolutions seront immédiatement recouvertes par le crâne auquel elles imprimeront la forme qui lui est propre. Car, si nous supposons l'existence de circonvolutions intimes, eloignées de la surface, il ne serait plus possible d'obtenir aucuns renseignemens de l'inspection du crâne. Or, cette supposition est bien fondée, car le fait est réel. Un grand nombre de circonvolutions, au lieu d'être épanouies à la surface du cerveau, sont situées à l'intérieur, et ne sont point susceptibles d'être indiquées d'une manière précise par la forme du crâne. Telles sont celles qui sont situées sur la ligne médiane au point de contact de deux hémisphères, et qui descendent jusque sur le corps calleux, celles qui occupent ce que le D. Gall a nommé l'isle. Il en est de même de celles qui s'appuient sur la tente du cervelet et qui constituent la partie inférieure des lobes postérieurs du cerveau; enfin, il en est encore quelques-unes qui, placées à la face inférieure des hémisphères, s'appuient sur le crâne, il est vrai, mais dans une portion qui, telle que le sphéroïde et le rocher, ne peuvent pas facilement manifester au dehors leur plus ou moins grand développement.

« Toutes ces circonvolutions sont bien extérieurement le siége des facultés fondamentales, et cependant la cranioscopie n'a aucune espèce de moyen de nous donner la plus légère notion sur leurs propriétés: de quelle manière, par exemple, les circonvolutions placées sur la ligne médiane et dans l'adossement des hémisphères peuvent-elles agir sur les formes de la tête? si elles sont très développées, elles peuvent augmenter la hauteur de la tête depuis la base du nez jusqu'à l'os occipital, et cette augmentation des lignes verticales portera sur autant de points de la ligne naso-occipitale, qu'il y aura d'organes dans toute cette surface de circonvolutions. Elles peuvent aussi augmenter tous les diamètres transversaux de la tête en refoulant latéralement les parties du cerveau qui sont placées à côté d'elles. Dans le premier cas, on aura une tête très élevée; et dans le second, elle sera très large.

« La cranioscopie, telle que tant de personnes la pratiquent aujourd'hui, fera croire, dans le premier cas, à un grand développement de toutes les facultés situées sur la ligne médiane, et qui sont le sentiment des faits historiques, des comparaisons, du juste et de l'injuste, de la philosophie, de la fermeté, des grandeurs et de l'amour des enfans; elle fera croire, dans les autres cas, à un grand développement des facultés situées sur les parties latérales des côtés et qui sont le sentiment de la musique, du calcul, de la construction, de la poésie, de la circonspection, de l'attachement, de sa propre défense. Et cependant aucune de ces facultés ne sera développée.

« Il n'en est pas de même des circonvolutions qui s'appuient ou sur le cervelet, ou sur le sphénoïde, ou sur le temporal; elles doivent toutes s'exprimer par une action quelconque sur la forme de la tête sans que la cranioscopie puisse nous aider le moins du monde.

« Si la cranioscopie est insuffisante dans de semblables circonstances, que penser de la céphalométrie, qui peut encore bien moins que cette première, nous indiquer quelles sont les circonvolutions qui agrandissent tels ou tels points des intervalles qu'on mesure? »

Il est évident qu'avec de pareils inconvéniens, la méthode cranioscopique cesse de mériter les hommages que le système réclame pour elle et qu'il ne lui accorde pas lui-même. Comparez cette réserve de M. le D. Bailly avec la hardiesse des Comptes-rendus du secrétaire de la Soc. phrén. de Paris, et avec la netteté des assertions de MM. Dumoutiers, Fossati, etc.

Mais, si M. le D. Bailly fait si peu de cas de l'observation cranioscopique, comment pourrons-nous expliquer les hommages que cette méthode prétendue expérimentale reçoit de ce phrénologiste? C'est cette contradiction qu'il cherche à nous faire comprendre dans un dialogue, qui forme le sujet du 5e paragraphe de son essai.

« § 5. — *Objection contre la cranioscopie.*

« *Demande.* Cependant vous admettez bien que les organes désignés par le D. Gall comme appartenant à ces régions y ont bien véritablement leur siége?

« *Réponse.* Oui, certainement.

« *D.* Comment a-t-il pu s'en servir, puisque une tête grosse transversalement peut devoir l'augmentation de ses dimensions ou aux circonvolutions extérieures, ou à celles qui sont sur la ligne médiane?

« *R.* Parce que le D. Gall n'a fait ses découvertes que sur des têtes *portant des organes développés isolément*, et que la forme particulière de chaque organe lui a servi de guide. »

M. le D. Bailly peut-il nous attester l'exactitude de cette assertion?

Dans ce dialogue, que nous ne pouvons reproduire en entier, le phrénologiste se trouve mis en demeure de s'exprimer nettement sur la doctrine qu'il professe. Aux concessions qu'il est forcé de faire, son adversaire répond ainsi :

« *D.* Je ne vois pas alors en quoi le phrénologiste est plus avancé qu'un autre physiologiste, puisque la certitude de l'un n'est jamais plus grande que celle de l'autre, puisqu'on a toujours un à parier contre un pour ou contre la nature du développement qu'on observe.

« *R.* La certitude de la cranioscopie est complète dans les circonstances que j'ai indiquées; c'est votre faute et celle des personnes qui ne connaissent pas son langage, si on veut toujours trouver cette certitude là où elle ne doit ni ne peut exister....

« ... *D.* Vous admettez donc cependant que la phrénologie rendra un jour d'immenses services à la société, lorsque l'on aura perfectionné les moyens de connaître, d'après l'inspection du crâne, ceux qui ont de mauvais penchans très développés, et que le phrénologiste finira par être appelé au secours des juges pour les éclairer sur la plus ou moins grande culpabilité des accusés, d'après la configuration de leur tête?

« *R.* *C'est là une des plus absurdes conséquences qu'on puisse faire découler de la phrénologie.* L'inspection des têtes des profonds scélérats et des suppliciés a servi à faire la science; elle a servi à localiser les facultés et les penchans, elle servira encore à former la conviction des incrédules; *mais jamais elle ne devra entrer dans la législation comme moyen d'absolution ou de condamnation : les juges qui réclameraient un tel secours, les médecins qui consentiraient à le donner, ne comprendraient, ni les uns ni les autres, leur véritable mission.* »

Que ces paroles servent à juger la valeur des prétentions des phrénologistes dans les applications qu'ils réclament de leur doctrine aux institutions judiciaires et aux arrêts des tribunaux !

Le D. Bailly, dans le 6e paragraphe, conclut de tout ce qu'il a dit jusque-là que la cranioscopie a donné au génie de Gall tout ce qu'elle pouvait donner. Voici en quels termes il exprime cette pensée :

« § 6. — *Du passé, du présent et de l'avenir de la cérébroscopie.*

« ... Le D. Gall, avec un très petit nombre de têtes, a découvert toutes les facultés qui font l'objet de la phrénologie. Depuis quelques années, des collections nombreuses se sont faites dans toutes les parties du monde ; le nombre des têtes qui en font partie se monte à plusieurs milliers, et pas une faculté nouvelle, au moins à ma connaissance, n'a été ajoutée à celles qu'il a établies.

« C'est, je le répète, parce que ce moyen a été épuisé et qu'il ne faut plus demander ce qu'il ne pouvait pas donner. »

Nous sommes fâchés de devoir dire à M. Bailly que, malgré sa religieuse et exclusive admiration pour le D. Gall, des facultés nouvelles ne sont pas moins tous les jours décrétées et démontrées au même titre et avec la même assurance qu'elles l'avaient été par l'habile professeur, et qu'il est difficile de contester les unes sans mettre en doute la réalité des autres.

Mais ne soyons pas trop sévères envers le D. Bailly, qui nous prête si gracieusement des armes pour combattre les disciples de Gall.

Voyons ce qu'il nous dit de la cérébroscopie qui est destinée à venir au secours du système, lorsqu'il est battu sur le terrain de la cranioscopie ; « car il faut désormais, dit-il, ajouter à la cranioscopie l'étude des circonvolutions cérébrales elles-mêmes, si on veut découvrir les fonctious des nombreuses parties du cerveau sur lesquelles l'inspection seule du crâne ne peut plus nous donner aucune connaissance nouvelle. »

Nous verrons que d'après M. Bailly lui-même, la cérébroscopie ne promet pas de plus heureux résultats.

« § 7. — *De l'étude des circonvolutions cérébrales.*

« ... La profondeur des sillons qui partagent les circonvolutions, la largeur de celles-ci, ont-elles quelque importance sur l'énergie de leur fonction ? *C'est ce qu'il est impossible d'affirmer* à priori. Il faut des observations nombreuses et surtout des observations bien faites, pour fixer l'opinion des phrénologistes sur ce point... Il est infiniment *probable* que la *presque* totalité des fonctions intellectuelles ou instinctives a lieu dans les circonvolutions ; mais de quelle manière une différence d'énergie dans une faculté morale se manifeste-t-elle quand on la recherche dans les circonvolutions qui en sont le siége ? *C'est ce que nous savons fort peu aujourd'hui*, c'est ce que l'étude du cerveau lui-même nous apprendra, puisque nous ne connaissons à peu près de lui que ce que pourrait nous apprendre son étude à travers le crâne.

« ... On AURA ALORS *une méthode beaucoup plus complète et beaucoup plus sûre que celle de la cranioscopie*, et l'on pourra même vérifier avec confiance toutes les observations qui auront été dues à l'emploi de celle-ci. »

Nous désirons, avec M. Bailly, que la cérébroscopie devienne une méthode aussi féconde qu'il l'espère, mais nous sommes, en attendant, forcés de conclure des paroles de notre auteur, que ce désir est loin encore d'être satisfait, et que, par conséquent, la méthode cérébroscopique est aussi inexacte que la méthode cranioscopique.

Dans le 8e paragraphe, le D. Bailly nous indique les moyens propres à rendre les observations cérébroscopiques plus exactes et plus sûres. Nous croyons que ces moyens seraient bons s'ils étaient praticables : quel anatomiste pourra nous promettre de mouler des cerveaux avec assez de bonheur pour en conserver, sans l'avoir altérée, l'empreinte fidèle et exacte? quel anatomiste pourra, dans une masse aussi molle, aussi friable, aussi sujette à des déplacemens, conserver ses formes primitives, avec précision et certitude? Et d'ailleurs, s'il faut attendre la mort d'un individu pour inspecter son cerveau, le champ des observations ne se rétrécit-il pas au point de rendre toute probabilité extrêmement difficile?

A cette dernière objection, M. le D. Bailly répond dans son 9e paragraphe, que « ce ne sont pas les sujets qui manquent aujourd'hui, c'est la méthode. » Nous sommes d'accord avec lui sur ce point; aussi condamnons-nous les phrénologistes qui proclament dans tous les carrefours les mérites extraordinaires de leur méthode, et qui disent avec M. Broussais père : *Les phrénologistes suivent la méthode de Bacon* (!!!).

Quelle conclusion tirerons-nous de toutes ces citations?... Nous laissons à M. le D. Bailly le soin de la tirer lui-même. Voici ses expressions :

« § 10. — Objection : *si la cérébroscopie doit désormais aider la cranioscopie, de quelle manière doit-on concevoir l'influence que la phrénologie exercera sur toutes nos institutions, et principalement sur la législation et sur l'éducation ?*

« Il est une foule de personnes, qui s'imaginent que la cranioscopie, dont les jugemens ont été reconnus vrais dans une foule de circonstances (n'oublions pas que ces paroles sont d'un phrénologiste), arrivent à acquérir un tel degré de certitude, que son application à nos institutions, à l'éducation par exemple, rendra d'immenses services en dirigeant d'une manière sûre chaque enfant vers le genre d'études auxquelles il sera destiné par son imagination.

« Les mêmes personnes n'hésitent pas à mettre sur la même ligne, dans leur esprit, la précision à laquelle nous sommes arrivés en mécanique, avec celle à laquelle on atteindra par la cranioscopie; qui nous fera connaître en fractions de pouces et de lignes, le chiffre de chaque vocation particulière.

« *Comprendre ainsi la doctrine du D. Gall, c'est ne pas la comprendre du tout, c'est ne pas avoir la moindre idée de l'immense valeur philosophique d'une science qui, en devenant populaire, a dû perdre nécessairement de sa valeur et de sa dignité. La phrénologie, une fois livrée aux masses, a dû être taillée par chacun suivant sa mesure, et comme les esprits médiocres sont toujours en majorité, il s'en est suivi une opinion généralement fausse que l'irréflexion a fait adopter.....* »

« ... On ne doit oublier que je parle ici de la cranioscopie et non de la phrénologie, *dont les prétentions sont autrement légitimes qne celles de la cranioscopie.* » Voilà, en définitive, le dernier mot des phrénologistes, quand ils sont battus sur le terrain de la méthode cranioscopique et cérébroscopique.

Recueillons ces réprimandes d'un phrénologiste ardent qui rappelle à ses frères leurs égaremens, et qui les prie de revenir à la foi primitive dont, selon nous, ils ne se sont pas écartés, puisque toutes les prétentions que M. Bailly leur reproche ont été exprimées très positivement par Gall lui-même, comme on peut le voir dans sa lettre à M. de Retzer, dont M. le D. Fossati a donné une traduction dans le *Journal de la Société phrénologique de Paris*, avril 1835.

Mais ce n'est pas encore tout. Nous voulons prouver à nos lecteurs que nous n'avons pas parlé légèrement en dénonçant les phrénologistes eux-mêmes comme les dépréciateurs de leur méthode prétendue empirique et expérimentale. Poursuivons nos citations :

« § 11e *Quelle est l'espèce d'importance que la phrénologie peut exercer sur l'éducation et la législation ? spécificité de l'organisation cérébrale.*

« Bien des gens s'imaginent aujourd'hui que l'influence salutaire de la doctrine du docteur Gall sur l'éducation, consistera à palper la tête des enfans, à reconnaître les organes qui seront les plus développés, et à diriger leur éducation d'après l'examen qu'on aura fait de leur crâne. Je ne reviendrai pas sur ce que j'ai dit plus haut, touchant l'insuffisance de la cranioscopie *dans le plus grand nombre des cas*. Je ne puis que le rappeler ici, pour faire sentir combien on doit peu compter sur un moyen de reconnaître les tendances dans plusieurs cas particuliers très limités; je ne doute pas de la possibilité de reconnaître l'impossibilité de se servir de cette inspection comme règle générale de conduite, applicable, par exemple, aux établissemens publics et devant faire déterminer la direction à imprimer aux études de chaque enfant.

« Un cerveau fonctionne sous l'action de deux grandes conditions d'existence: l'une est le développement de la masse; elle se juge par les yeux, et la cranioscopie peut nous être utile pour l'apprécier; mais l'autre, qui consiste dans la *spécificité de son organisation*, n'est plus appréciable que par ses effets, et ne peut jamais être constatée que par l'observation des actes auxquels elle donne lieu.

« *Deux enfans matériellement semblables par leur organisation cérébrale, peuvent différer par la spécialité de leur organisation* et par un mode particulier à chacun d'eux de leur vitalité cérébrale; *ils auront donc une vocation différente, leurs tendances ne seront pas les mêmes, et cependant la cranioscopie n'y verra aucune différence* (1).

« La vitalité spécifique du cerveau est encore un de ces faits signalés par le docteur Gall lui-même et qui *augmente le nombre des cas où la cranioscopie sera insuffisante*, quand on voudra lui faire jouer le *rôle forcé de devineresse*, *que l'amour du merveilleux ou la légèreté veulent absolument lui attribuer.* »

Il est impossible que ce dernier reproche ne s'adresse qu'aux modernes vulgarisateurs de la phrénologie; évidemment il atteint Gall lui-même, et M. Bailly n'a sans doute pas l'intention d'épargner le maître en attaquant les disciples qui ne font que l'imiter. Nous avons cité les passages d'une lettre de Gall à M. de Retzer, dans lesquels il ne paraît pas dédaigner de faire jouer à la cranioscopie *le rôle forcé de devi-*

(1) Gall a dit positivement le contraire dans une proposition qu'il a placée en tête d'un paragraphe. (V. *Phys. du cerveau*; tome I, page 206.)

neresse. De ces passages, il résulte évidemment que tous les travaux de Gall étaient dirigés dans ce but, et qu'il affectait la prétention de doter le monde d'une méthode à l'aide de laquelle *on pût reconnaître les différentes dispositions et inclinations, par les différentes protubérances ou les dépressions qui se trouvent sur la tête ou sur le crâne ;* de ces passages et de tant d'autres que nous n'avons pu citer, il résulte encore que le but de Gall était, « *de présenter d'une manière claire les parties importantes, vérités et conséquences qui découlent de cette méthode, pour l'art médical, pour la morale, pour l'éducation, pour la législation*, etc., *et généralement pour les connaissances plus approfondies de l'homme.* Cette pensée de Gall est exprimée dans tous ses écrits. Citons encore :

« *On a dit que cette science (la cranioscopie) ne saurait exister qu'autant que les organes dont le cerveau est composé pouvaient s'isoler par leur forme à la surface extérieure de ce viscère, et qu'autant que le crâne offrait une fidèle représentation de la forme extérieure du cerveau. Or ces deux propositions ont été démontrées jusqu'à l'évidence, on peut donc apprécier par la forme extérieure de la tête les diverses dispositions des organes du cerveau et par conséquent la susceptibilité des individus*, etc. » (Analyse d'un cours du D. Gall, *publié par son autorisation*, page 74.)

Conciliez si vous le pouvez cette proposition de Gall avec les affirmations positivement contraires du docteur Bailly, que nous avons reproduites dans les pages précédentes. Vous concevrez alors l'admiration que ce dernier conserve pour le maître, tout en attaquant les disciples qui ne font que répéter ses paroles. Pour nous, nous ne pouvons expliquer cette admiration que par la nécessité où se trouve M. Bailly, en sa qualité de phrénologiste, de croire à quelque chose, d'avoir une foi qui puisse justifier ce titre. Nous lui conseillerons volontiers de ne pas y tenir beaucoup; car nous croyons que, dégagé des derniers liens qui le lient au système, il rendra à la science, avec plus de liberté, des services qu'elle attend d'un esprit attentif et consciencieux comme le sien.

Dans le douzième paragraphe, le docteur Bailly se console des défaites de la méthode cérébroscopique et cranioscopique en exagérant la valeur de la théorie psychologique du système. Or, nous avons démontré dans la troisième partie de notre *Exposé :* 1° que cette théorie existait dans la science avant Gall; 2° que cette théorie n'est pas plus heureuse, dans ses données sur les modes d'action des facultés, que ne l'avaient été les théories antérieures. M. Bailly reconnaît d'ailleurs que l'on n'avait pas eu besoin de la phrénologie pour apprécier, dans la pratique de l'éducation et dans la pratique judiciaire *la variété des tendances et des penchans* et *l'irrésistible pouvoir de certaines vocations*. En effet, l'ancien mot *nihil invita Minerva*, appliqué à l'éducation, et les *circonstances atténuantes* des tribunaux font bien voir que la phrénologie n'a pas l'importance qu'elle se donne, et que ses prétentions, à cet égard, sont d'autant plus ridicules que l'élément nouveau et positif qu'elle propose n'existe réellement pas. En tant que doctrine d'application, la phrénologie perd tous ses droits en perdant la cranioscopie.

Les aveux sincères du docteur Bailly sont précieux à recueillir, car ils nous dispensent de citer ceux des phrénologistes plus timides qui ne font pas facilement, dans leurs écrits, les concessions qu'on obtient d'eux dans la conversation. Ces aveux nous dispensent aussi de signaler toutes les données expérimentales, qui sont nombreuses et positives, contradictoires à la phrénologie. Nous nous bornons à rappeler les *Recherches anatomico-pathologiques* du docteur Lallemand sur *l'encéphale* et *ses dépendances*, qui ont jeté une si vive lumière, non-seulement sur le diagnostic et sur le traitement des maladies du cerveau, mais encore sur la physiologie de cet organe.

S'il s'agissait d'opposer des faits à des faits, nous ne serions pas embarrassés; ils fourmillent dans les annales de la science et de l'expérimentation. Nous ne prenons pour exemple que les résultats divers donnés par les nombreuses expériences physiologiques, par les nombreuses observations pathologiques faites sur le cervelet. Nous choisissons cet organe dont la phrénologie a fait le siége du sens de *l'amativité*, parce qu'il est celui dont la fonction semble la mieux démontrée aux yeux de tous les docteurs de l'école. Cet organe est considérable, il est distinct du reste de la masse encéphalique; on peut expérimenter sur lui avec plus de chances de succès et avec moins de chances d'erreur; tout nous invite à parler de cet organe pour apprécier à leur juste valeur les assertions physiologiques de la phrénologie. L'histoire des vicissitudes du cervelet est très remarquable. On en a fait le siége de la mémoire, celui de l'attention et celui du sommeil; Willis en a fait l'organe directeur de la vie organique; Petit de Namur y a établi le foyer de la sensibilité; Sancerotte comme Galien, en fait dépendre plusieurs mouvemens musculaires; Rolando, et M. Flourens après lui, le déclarent l'origine de tous les mouvemens; M. Rolando le compare à une pile voltaïque, et M. Flourens en fait l'organe coordonnateur des mouvemens; MM. Foville et Pinel Grandchamp, comme Petit de Namur, en font le foyer de la sensibilité; M. Magendie et M. Serres n'adoptent aucune de ces opinions, et ce dernier le regarde comme étant excitateur des organes de la génération, par le lobe médian, et des mouvemens des membres, par ses deux hémisphères, etc., etc. M. Bouillaud reconnaît avoir été long-temps de l'avis de Gall; mais, dit-il, les belles expériences de M. Flourens ébranlèrent sa croyance. Il résolut dès lors d'expérimenter lui-même à la suite des physiologistes que des observations et des expériences nombreuses et également positives avaient conduit, à tant de conclusions diverses. Il expérimenta donc à son tour, et ce fut après avoir exposé les faits qu'il avait examinés, qu'il en tira cette conclusion générale:

« 1° Les expériences sur les animaux et les observations recueillies chez l'homme ne nous autorisent pas à partager l'opinion de M. le docteur Gall, sur les fonctions du cervelet;

« 2° Ces expériences nous porteraient plutôt à penser que le cervelet est le centre législateur des mouvemens de l'équilibration et de la locomotion (1) ».

(1) Voyez *Recherches cliniques et expérimentales tendant à réfuter l'opinion de M. Gall sur les fonctions du cervelet*, etc.

Où est la certitude en présence de ces faits ? La phrénologie prétend néanmoins ne s'appuyer que sur les faits, car telle est l'argumentation à la mode aujourd'hui. Eh bien, elle périra par les faits que la manie du siècle fait jaillir tous les jours, et la science, la véritable science n'y aura rien gagné. Disons donc franchement que, à l'égard du cervelet au moins, les milliers d'observations et d'expériences dont il a été l'objet n'ont pas résolu la question en faveur de l'opinion de Gall. Quant aux autres organes cérébraux signalés par le système, on sait qu'il est impossible de tenter sur eux une seule expérience, on sait aussi que les faits pathologiques déposent contre les fonctions qu'on leur a assignées. Devrons-nous croire Gall et ses disciples sur parole ? Nous pensons avoir démontré que cela ne serait pas prudent.

Cette *méthode* fameuse, proclamée avec tant d'audace par les vulgarisateurs du système, n'existe donc pas, elle est donc un mensonge. Nous concevons difficilement que M. le D. Bailly puisse croire que cette méthode ait pu exister pour Gall. Nous savons qu'il l'avait proclamée dès 1798, comme le proclament aujourd'hui ses disciples ; mais personne n'en a fait sérieusement usage. Nous avions donc raison, lorsque, dans le sein du *congrès historique* de 1835, nous en montrions le néant, lorsque nous opposions à un discours de M. Casimir Broussais sur les merveilles de cette *méthode expérimentale* l'impossibilité de l'appliquer jamais aux investigations psychologiques.

Qu'on nous permette de reproduire ici la partie de notre discours qui avait pour objet de montrer le néant de la méthode phrénologique.

« ... Voici, en peu de mots, l'histoire de la phrénologie.

« On a remarqué que des individus qui présentaient une saillie à une partie de leur crâne étaient doués au plus haut degré d'une faculté ou d'un penchant particulier. On a conclu de ce fait rare et isolé que cette saillie pouvait être à tout jamais le signe de ce penchant ou de cette faculté ; que d'autres aptitudes humaines devaient également se trahir au dehors par d'autres saillies ; que les saillies du crâne correspondaient exactement aux circonvolutions cérébrales les plus développées, et on a fini par arriver à cette conclusion, que 1° toutes les circonvolutions cérébrales sont des organes des sens internes; 2° que telle ou telle circonvolution est l'organe de telle ou telle aptitude instinctive ou intellectuelle. C'était marcher bien vite.

« Mais on a remarqué que telle saillie du crâne ne correspondait pas à telle circonvolution. Et voilà que l'assertion fondamentale s'évanouit, quoiqu'elle soit consignée textuellement dans les annales phrénologiques. M. Broussais nous a dit lui-même que cette correspondance n'avait pas lieu pour la moitié des cas; c'est un aveu timide, mais il nous suffit.

« Mais on a remarqué que les circonvolutions elles-mêmes, mises à nu, ne montraient aucune prédominance extérieure, surtout lorsque plusieurs d'entre elles sont également développées. Et voilà que la théorie s'écroule puisque la méthode qu'on a tant vantée est stérile; et puis, qui pourra dégager le cerveau de sa boîte osseuse, en conserver l'empreinte, sans faire varier les formes de ses circonvolutions?

« Ainsi, voilà une science qui se présente avec assurance, qui lève fièrement sa tête, et qui, comme vous le voyez, repose sur un fait de hasard, sur un fait accidentel, dont la constance n'est pas même affirmée par ses partisans les plus intrépides. A des faits, nous pouvons opposer des faits, et, pour moi, j'affirme, après avoir fait un très grand nombre d'examens consciencieux, que la réalité de ces faits ne s'est pas présentée une seule fois sur cent qui sont contradictoires.

« Mais les phrénologistes ont des argumens à leur service toutes les fois que leur science est attaquée par la base; car ils le reconnaissent naïvement, cette base leur manque souvent. Lorsqu'on leur dit que telle saillie a lieu, sans que la faculté correspondante se soit jamais montrée, ils vous invitent à attendre la mort de l'individu, et ils se hâtent de vous prédire que cette saillie ne correspondra pas à une circonvolution; si vous avez remarqué un penchant prédominant chez cet individu, sans que le crâne l'ait manifesté, ils vous prédisent que la circonvolution correspondant à la saillie qui devrait exister, sera trouvée bien développée. Ils vous diront ensuite, si ce développement ne répond pas à cette prédiction, qu'il n'est pas toujours nécessaire, ou qu'il ne suffit pas, pour donner de l'énergie à un penchant ou à une faculté, qu'il faut encore que le tempérament favorise l'activité de cet organe, que la nutrition en soit énergique; ils rentreront alors dans le domaine de la bonne et vieille physiologie, pour laquelle ils s'étaient montrés si dédaigneux, terrein sur lequel personne n'ira les combattre :

« Vous voyez, messieurs, si au récit que M. Broussais vous a fait des hypothèses que la science a admises dans ses tâtonnemens et qu'elle a dû rejeter plus tard, nous ne devons pas ajouter celle qu'il cherche lui-même à propager. La phrénologie n'est en effet qu'une hypothèse, si même elle mérite ce nom, car dans ma pensée, elle ne le mérite pas.

« En voulez-vous une preuve encore? La voici : les phrénologistes affirment que la circonvolution est un organe servant à un penchant ou à une faculté. Or, il y a des circonvolutions que des conditions anatomiques incontestables empêchent d'être reproduites à l'extérieur du crâne. Il en est qui sont à la base du cerveau et qui reposent sur une partie des os temporaux et sur le sphénoïde; il en est qui reposent sur la tente du cervelet; il en est encore entre les deux hémisphères, jusque sur le corps calleux. Il en est donc un grand nombre à l'aide desquelles il est impossible d'employer *la méthode d'observation empirique* proclamée par Gall, et si vantée par M. Broussais dans son premier discours; et cependant les phrénologistes prétendent avoir découvert déjà par cette méthode une foule de facultés et de penchans primitifs, et leur nombre est déjà si grand que l'imagination la plus active ne saurait en rêver encore. Vraiment, nous ne savons quelles seront les destinées ultérieures de ces circonvolutions que leur obscurité a fait rester jusqu'ici sans emploi : elles ne seront bonnes à quelque chose que lorsque nos adversaires auront opéré le déménagement de quelques aptitudes en les portant de la surface supérieure du cerveau, déjà encombrée, aux circonvolutions inférieures et internes aujourd'hui si négligées.

Tout cela tient, messieurs, à ce que les signes extérieurs de la vulgaire cranioscopie ont un attrait puissant pour le public qui n'aime pas à approfondir les questions de science; et comme cela l'amuse, les phrénologistes, qui, comme leur maître à tous, doivent avoir beaucoup d'esprit, se gardent bien de le désenchanter en le priant d'attendre que l'usage des modestes circonvolutions internes et inférieures ait été reconnu.

« Comment voulez-vous qu'il vous reste quelque chose à découvrir dans ces circonvolutions, quand vous avez déjà trente-cinq à trente-six aptitudes, toutes logées à l'extérieur, à la disposition du premier venu? Que pouvez-vous ajouter, en fait d'aptitudes d'habileté, à une science qui a déjà décrété la surface cérébrale les organes de la circonspection, de la ruse, de la sécrétivité? Que pouvez-vous ajouter, en fait d'instincts animaux, à une science qui a déjà trouvé les organes de l'amour physique, de la philogéniture, de la combattivité, de la destructivité, de l'adhésivité, de la convoitise, de l'imitativité, etc.? Que voulez-vous ajouter, en fait d'aptitudes intellectuelles, à une science qui tient déjà les organes de la configuration, de l'étendue, du coloris, du temps, de la mélodie, du langage naturel, du langage artificiel, des nombres, de la localité, de l'éventualité, de la causalité, de la comparaison, etc., etc.? L'idéalité, l'espérance, l'amour de soi, l'orgueil, l'amour de l'approbation, la persévérance, la bienveillance, l'ambition, la gaieté, toutes ces facultés et bien d'autres encore ont déjà leurs organes. Que ferons-nous des circonvolutions que j'ai signalées?

« Mais voulez-vous encore une preuve de la solidité des bases de la doctrine phrénologique. Voyez avec quelle facilité ces messieurs placent et déplacent un organe, avec quelle facilité ils décrètent et destituent une faculté primitive. Ainsi, on avait dit que la ruse était une faculté primitive. On ne tarda pas à trouver son organe; puis on vint à reconnaître, après réflexion, que la ruse ne saurait être une faculté fondamentale, puisqu'il y a des hommes et des animaux fort rusés quand il s'agit de satisfaire un instinct particulier, et qui sont très stupides quand il s'agit d'autre chose. Il y a, en effet, des filous qui sont très rusés quand ils commettent un vol et qui se laissent confondre au premier mot par les juges. Eh bien, on s'empressa de rayer la ruse du catalogue, et on décréta en même temps la radiation de son organe officiel, qui a fini par se montrer de nouveau et par prévaloir sur le rival heureux qui l'avait remplacé (celui de la sécrétivité). Ce qui est arrivé à l'égard de l'organe de la ruse, s'est reproduit à l'égard de celui de l'affectionnativité qui a été en partie escamoté par le sens de l'habitativité de celui de la bienveillance auquel on a enlevé ses attributions de sens, du devoir, pour en doter un organe particulier, et à l'égard de plusieurs autres dont les attributions sont encore disputées (1).»

Que conclure, en effet, de cette facilité avec laquelle les phrénologistes décrètent des organes douteux, biffent des facultés constatées, rangent, déplacent, bouleversent les séries établies par d'autres, en proposent qui seront encore modifiées?... Que conclure aussi de la stérilité, accusée par les phrénologistes eux-mêmes, des leçons d'un homme aussi supérieur que l'est M. Broussais... Nous en conclurons que les phrénologistes tâtonnent et rêvent leur science comme si la méthode qu'ils proclament n'existait pas plus pour eux que pour nous. Il suffit, pour cela de voir les variantes introduites par MM. Spurzheim, Broussais, G. Combes, Dumoutiers, Voisin, Vimont, etc. Nous regrettons que ce dernier ait cru devoir retirer du commerce de la librairie le travail considérable qu'il avait publié sur la phrénologie comparée. Nous aurions aimé à exprimer impartialement notre pensée sur des recherches d'un ordre nouveau et qui ont dû coûter beaucoup de peine à leur auteur.

(1) Voyez le *Compte rendu du Congrès historique de* 1835, t. II.

NOTE (C), Page 49.

Des trois conditions de l'ame appelées gounas *et de leurs degrés dans les transmigrations.*

Nous allons citer le passage du code de Manou qui établit la théorie de ces *gounas* telle que l'expriment aussi les systèmes Sankia et Védanta. Nous verrons ces gounas poursuivre l'ame dans ses transmigrations.

« 24. Que l'homme sache que l'ame, c'est-à-dire l'intelligence, a trois qualités (*gounas*); la bonté (*satwa*); la passion (*radjas*) et l'obscurité (*tamas*), et que c'est douée de l'une de ces qualités que l'intelligence (*mahat*) reste incessamment attachée aux choses créées.

« 25. Lorsque l'une de ces qualités domine entièrement dans un corps mortel, elle rend l'être animé pourvu de ce corps éminemment distingué par les marques de cette qualité.

« 26. Le signe distinctif de la bonté est la science, celui de l'obscurité est l'ignorance, celui de la passion consiste dans le désir passionné et l'aversion; telle est la manière dont se manifestent invariablement ces qualités qui accompagnent tous les êtres.

« 27. Lorsqu'un homme découvre dans l'ame intelligente un sentiment affectueux, entièrement calme, pur comme le jour, qu'il reconnaisse que c'est la qualité de bonté (satwa).

« 28. Mais toute disposition de l'ame, qui est accompagnée de chagrin, qui produit l'aversion et porte sans cesse les êtres animés aux plaisirs des sens, qu'il la considère comme la qualité de passion (radjas) qui est difficile à vaincre.

« 29. Quant à cette disposition qui est privée de la distinction du bien et du mal, incapable de discerner les objets, inconcevable, inappréciable pour la conscience et les sens extérieurs, qu'il la reconnaisse pour la qualité d'obscurité (tamas).

« 30. Je vais maintenant vous déclarer complètement les actes excellens, médiocres et mauvais qui procèdent de ces trois qualités.

« 31. L'étude du Véda, la dévotion austère, la science divine, la pureté, l'action de dompter les organes des sens, l'acomplissement des devoirs et la méditation de l'Être suprême sont les effets de la qualité de bonté.

« 32. N'agir que dans l'espoir d'une récompense, se laisser aller au découragement, faire des choses défendues par la loi, s'abandonner sans cesse aux plaisirs des sens, sont les marques de la qualité de passion.

« 33. La cupidité, l'indolence, l'irrésolution, les médisances, l'athéisme, l'omission des actes prescrits, l'importunité et la négligence, dénotent la qualité d'obscurité.

« 35. L'action dont on a honte lorsqu'on vient de la faire, lorsqu'on la fait, lorsqu'on se prépare à la faire, doit être considérée par l'homme sage comme empreinte de la qualité d'obscurité.

« 36. Tout acte par lequel on désire acquérir dans le monde une grande renommée, sans pouvoir toutefois s'affliger beaucoup de la non-réussite, doit être regardé comme appartenant à la qualité de passion.

« 37. Lorsqu'on désire de toute son ame connaître les saints dogmes, lorsqu'on n'a pas honte de ce qu'on fait, et que l'ame en éprouve de la satisfaction, cet acte fait la marque de la qualité de bonté.

« 38. *L'amour* du plaisir distingue la qualité d'obscurité; *l'amour* de la richesse, la qualité de passion; *l'amour* de la vertu, la qualité de bonté; la supériorité de mérite suit pour ces choses l'ordre d'énumération.

39. Je vais maintenant vous déclarer succinctement et par ordre, les diverses transmigrations que l'on éprouve dans cet univers, sous l'influence de ces trois qualités.

« 40. Les ames douées de la qualité de bonté acquièrent la nature divine; celles que domine la passion ont en partage la condition humaine; les ames plongées dans l'obscurité sont ravalées à l'état des animaux; telles sont les trois principales sortes de transmigrations.

« 41. Chacune de ces trois sortes de transmigrations causées par les différentes qualités doit être reconnue avoir trois degrés, l'inférieur, l'intermédiaire et le supérieur, en raison des actes et du savoir.

« 42. Les végétaux, les vers et les insectes, les hérissons, les serpens, les tortues, les bestiaux et les animaux sauvages, sont les qualités les plus basses dépendant de la qualité d'obscurité.

« 43. *Les éléphans, les chevaux, les soudras, les barbares méprisés* (les étrangers), *les lions, les tigres et les sangliers, forment* les états moyens procurés par la qualité d'obscurité.

« 44. Les *danseurs*, les oiseaux, les hommes qui font métier de tromper, les géans et les vampires, composent l'ordre le plus élevé de la qualité d'obscurité.

« 45. Les *bâtonistes*, les *lutteurs*, les acteurs, les *maîtres d'armes*, et les hommes adonnés au jeu et aux boissons enivrantes sont les états les plus bas causés par l'état de passion.

« 46. *Les rois, les guerriers* (kchactrias); *les conseillers spirituels des rois et les hommes très habiles dans la controverse, forment l'ordre intermédiaire de la qualité de passion.*

« 47. Les musiciens célestes, les gouhyacas et les yakchas, les génies qui suivent les dieux, et toutes les nymphes célestes, sont les plus élevées de toutes les conditions que procure la qualité de passion.

« 48. *Les anachorètes, les dévots ascétiques, les Brahmanes, les légions de demi-dieux au char aérien, les génies des astérismes lunaires et les daityas, forment le premier degré des conditions occasionées par la qualité de bonté.*

« 49. Les sacrificateurs, les saints (Richis), les dieux, les génies des Védas, les régens des étoiles, les divinités des années, les Vitris et la Sadhyas, composent le degré intermédiaire auquel mène la qualité de bonté.

« 50. Brahma, le créateur du monde, le génie de la vertu, les deux divinités qui président au principe intellectuel (mahat), et au principe invisible (avyacta) *du système Sankia* ont été déclarés la suprême qualité du degré de bonté.

« 51. Je vous ai révélé dans toute son étendue le système de transmigration divisé en trois classes (selon le gounas dominant) dont chacune a trois degrés, lequel se rapporte à trois sortes d'actions, et comprend tous les êtres.... »

Suivent les applications pénales de ces transmigrations à des crimes particuliers.

D'après cet extrait, ne dirait-on pas que l'antique législation avait reconnu les trois groupes de manifestations humaines, dont les unes sont aveugles et instinctives, d'autres passionnées et sympathiques, et les autres intellectuelles et sublimes. Il est certain qu'elle admet la fatalité des impulsions de ces gounas, à l'instar des phrénologistes, tout en proclamant comme eux la liberté humaine. Voyez notre article intitulé : *Des sources du protestantisme chez les Hindous*, n° 3 de *l'Européen*, de 1836.

NOTE (D), Page 52.

Les trois ames de Pythagore et de Platon, et les facultés de l'ame des auteurs représentent les forces innées.

Les pythagoriciens admirent trois ames distinctes, et non trois parties diverses de la même ame. La première est douée de l'intelligence pure (φρήν), elle est commune aux dieux et à l'homme; la seconde est douée de sentiment (ψυχή), elle existe particulièrement dans l'homme; la troisième est la source des passions aveugles et des instincts inférieurs (Θυμός); elle est commune à l'homme et aux animaux. *Diogène de Laerce*, VIII, § 30. — *Cicéron. Tuscul. lib.* IV, 5. — *Plutarque, de Placitis philosophorum*, IV, 4. Il est à noter que selon les pythagoriciens, comme selon les Hindous, l'ame véritable venait du dehors dans le corps humain comme dans un séjour d'expiation, et qu'elle s'y liait aux *gounas*. Ces ames ont dans le corps des siéges distincts; elles représentent la raison, les sentimens et les instincts. Platon émet la même distinction des ames raisonnable, sensible et nutritive, tout en reconnaissant la transmigration de l'ame raisonnable, source de l'intelligence. *Plutarque, de Placit. philos.*, liv. IV. ch. 4. — *V. Cicéron. Tuscul.* liv. I. — Aristote a admis les ames ou facultés nutritive, générative, sensitive, appétitive, motrice et intellectuelle. Pour Aristote, l'ame est une puissance, ou une forme, ou un acte, ou une quantité. Il distingue sous le nom de facultés, d'ames, de vies même, l'ensemble des forces de la vie végétative, de la vie sensitive et de la vie intellectuelle. *Aristote, de Anima*, liv. I, ch. I, liv. II, chap. 3, etc. Nous pourrions multiplier les citations de ce genre; mais celles-ci doivent nous suffire. Hipocrate, Zénon, Galien, Averrhoës, etc., ont admis ces forces innées, représentant les penchans, les aptitudes et les facultés.

NOTE (E), Page 52.

Les attributs de la matière organisée ont été confondus avec les facultés de l'ame.

« Nous voyons saint Augustin, prenant dans Aristote aussi bien que dans Platon les genres du rationalisme, c'est-à-dire le mélange des facultés corporelles et intellectuelles, répartir les facultés de l'ame en sept degrés. Le premier, commun aux végétaux et aux animaux, comprend celles qui animent, nourrissent ou conservent le corps. Le second a trait aux mouvemens, aux sens, aux appétits et à la génération; les bêtes partagent ce degré avec l'homme. Dans le quatrième, l'ame acquiert de la sagesse, de la bonté, du mérite, et elle ressent la crainte de la mort éternelle. Dans le cinquième, débarrassée de toute souillure, elle conçoit toute sa grandeur, s'y complaît, veille à conserver sa pureté, et, pleine d'une indivisible confiance, elle s'élève vers la source divine de toute vérité. Dans le sixième, l'ame, qui n'a plus à craindre de voir se reproduire ses vices, s'abandonne avec toute sécurité à la contemplation de la vérité éternelle. Dans la septième, enfin, la contemplation se change en un bonheur comme extatique, en un ravissement où l'ame puise ses connaissances les plus pures et les plus élevées. » *Saint Augustin, de Animæ quantitate. Citation de M. Lélut.*

Ne dirait-on pas que les besoins les plus vils de l'organisme sont des facultés de l'ame, et que celle-ci n'a d'autre but que de s'affranchir des liens corporels par la contemplation. Et, cependant, saint Augustin a été un grand saint; il a été une des lumières et des colonnes de l'Église; il avait un sentiment profondément chrétien, mais il a fait de la science panthéiste; cette déplorable contradiction s'est maintenue chez presque tous les théologiens qui ont succédé à ce père de l'Église; elle a été la source de toutes les luttes philosophiques qui avaient pour objet de discuter les rapports de l'activité spirituelle avec les influences extérieures ou organiques.—*Voyez* Boèce *de Consolatione philosophiæ*, liv. I. — *Voyez* l'évêque Némésius, *de Natura hominis*, chap. XV. Il divise l'ame en parties ou forces, puissances et espèces. Ces parties sont l'ame irraisonnable, distinguée en nutritive et irascible, et l'ame raisonnable qui comprend l'ame sentante et l'ame raisonnable proprement dite, etc. *Citation de M. Lélut*, page 32 et 33. — *Voyez* saint Jean Damascène, *de Virtutibus et Vitiis*. Il compte cinq facultés de l'ame auxquelles il rapporte la sensation qui est commune aux animaux et à l'homme, l'imagination, l'opinion, la pensée et l'esprit. Saint Thomas distingue cinq facultés de l'ame, la végétative, la motrice, l'appétitive, la nutritive et l'intellectuelle, comme l'avait fait Aristote. *Saint Thomas, Somme théologique, première partie, question* LXXXIII, etc., *citation de M. Lélut.*

«Depuis lors, dit M. Lélut, page 35 de son livre, vous retrouverez toujours différens faits de l'entendement rapportés ainsi à un certain nombre de forces ou de *facultés* distinctes, et *ce dernier nom, donné même indifféremment aux forces corporelles, tout aussi bien qu'aux forces intellectuelles* dans presque tous les philosophes : dans Mélanchton, Campanella, Charron, Bacon, Descartes, Hobbes, Locke, Leibnitz, et dans les philosophes tout-à-fait modernes; jusqu'à ce qu'enfin, par suite des progrès simultanés de la psychologie et de la physiologie, on se soit mieux entendu sur la restriction à apporter au sens du mot *faculté* et sur l'acception qu'il est plus convenable de lui donner.» Il est certain que ce mot n'est pas mieux employé de nos jours, puisqu'on désigne, sous le nom de *facultés* affectives, les impulsions instinctives et animales, telles que la faim, la soif, l'amour physique, etc.»

Concluons de tout ceci que l'ame, étant regardée par les anciens, comme appelée à séjourner dans un corps pour y expier ses péchés, et y étant soumise à des conditions organiques qui rendaient sa réhabilitation ultérieure plus ou moins difficile et méritoire, fut bientôt représentée comme une esclave de l'organisme et confondue en quelque sorte avec les forces organiques elles-mêmes. De là, le nom de facultés de l'ame donné à la plupart de ces forces par les psychologistes chrétiens, c'était de la prééminence de l'esprit sur les organes ; lorsqu'ils voulurent exprimer la doctrine chrétienne, ils conservèrent sans doute un langage panthéistique. C'était en quelque sorte présenter l'ame comme une *existence manifestée par des forces*, tandis que, selon la foi chrétienne, l'ame est *une activité servie par un organisme*. En effet, la même ame douée de facultés si diverses, dont les unes caractérisent les végétaux, et les autres la divinité elle-même, semble renouveler l'ancien système des védantins, des pythagoriciens, des Ioniens, des éléatiques, des gnostiques, des stoïciens, etc., sur l'ame universelle et ses émanations.

NOTE (F), Page 55.

Tout ce que les phrénologistes affirment de vrai touchant la LOCALISATION *des instincts et des aptitudes innées, a été établi dès les temps les plus anciens.*

Nous n'irons pas chercher bien loin nos preuves de l'ancienneté de cette donnée physiologique. Les phrénologistes érudits reconnaissent avec plaisir que les tentatives de *localiser* les facultés dans certains organes, n'ont pas manqué. Ils reconnaissent qu'après la doctrine indienne, reproduite par Pythagore et par Platon, en quelque sorte adoptée par Cabanis, par plusieurs anciens philosophes, Bichat, Richerand, etc., avaient regardé le cerveau comme le siége des facultés de l'ame raisonnable; le cœur comme le siége des sentimens, et le ventre le siége des instincts inférieurs et des besoins. Ils savent sans doute aussi que d'autres philosophes, infidèles à la doctrine des maîtres que nous avons cités, ont placé dans le cerveau le siége, non seulement de l'entendement mais encore de tous les instincts animaux; ils savent sans doute aussi que Galien avait déjà prétendu que la forme du crâne pouvait bien ne pas être la fidèle représentation du cerveau, mais les phrénologistes n'aiment pas pousser l'abnégation jusqu'à faire ces confidences. Voyez le discours de M. Casimir Broussais au Congrès historique, *Compte-rendu des séances*, tom. I, 224. Dans ce discours, qui avait pour objet d'exposer les travaux extérieurs de la phrénologie, l'orateur cite Huarte auquel il emprunte quelques passages, mais il se garde bien de reproduire ceux qui devaient intéresser le plus le public.

Voici un passage remarquable de Huarte (contemporain de Philippe II). Il est trop curieux pour que nous ne le reproduisions pas, malgré sa longueur.

« Les philosophes naturels étaient de ce sentiment auparavant la naissance d'Hippocrate et de Platon, savoir que le cœur était la principale partie où résidait la raison, et que c'était à lui seul qu'appartenait le pouvoir d'exercer des actes de prudence, de l'esprit, de la mémoire et de l'entendement, comme au principal instrument de l'ame. Mais, dès que ces deux grands hommes sont venus dans le monde, ils ont fait voir la fausseté de cette opinion, et ont prouvé, par des raisons et par des expériences convaincantes, que le cerveau était le siége principal de l'ame raisonnable; opinion qui a été généralement reçue d'un chacun, excepté d'Aristote, lequel a renouvelé l'ancienne, et l'a rendue probable par des argumens topiques, par un effet de la démangeaison qu'il a toujours eue de contredire Platon. De savoir maintenant quelle est la plus véritable opinion, et de disputer pour ce sujet, c'est ce que je ne ferai pas; *car j'estime qu'il n'y a pas un philosophe qui n'avance que le cerveau est l'instrument que la nature a donné à l'homme pour le rendre sage et prudent; ainsi, il suffira de dire quelles sont les conditions de cette partie pour être bien conditionnée et organisée comme il faut...* La bonne composition du cerveau comprend encore quatre choses, savoir: 1° la figure, 2° la suffisante quantité, 3° qu'il y ait quatre ventricules séparés, et chacun dans son lieu naturel; 4° que leur capacité ne soit ni trop grande ni moindre qu'il ne faut pour faire leurs fonctions.

« Galien dit, poursuit Huarte, dans le livre *de Arte medicinæ, cap.* 2, que *l'on connaît la belle figure du cerveau par la forme de la tête*, laquelle sera comme il faut, dit-il, (prenant une boule de cire parfaitement ronde que l'on manierait doucement, et aplatirait sur les côtés; de telle façon qu'elle fît un front sur le devant, et que le derrière fût un peu élevé en forme de bosse), et la tête a la même forme: car il est vrai que celui qui a le front plat et le derrière mal fait et uni, n'a pas le cerveau bien disposé, ni n'a pas une figure telle que la demande un bon esprit (1).

(1) Évidemment la cranioscopie remonte au moins à Galien; nous ne croyons pas que ce passage ait été cité par les phrénologistes. Nous ne croyons pas davantage qu'ils aient cité les écrits des médecins chinois qui, à ce que dit Davis, qui a passé vingt-deux ans en Chine, sont tous phrénologistes, et

« Quant à la quantité du cerveau dont l'ame a besoin pour bien raisonner, c'est une merveille de voir que de toutes les bêtes brutes qu'il y a sur la terre, il n'y en a pas une qui ait tant de cervelle que l'homme, et l'on remarque même que les deux plus grands bœufs qu'on puisse voir, n'en ont pas tant qu'en aura le plus petit homme du monde. Mais ce qui est plus remarquable, c'est que les animaux qui approchent le plus de la raison et de la prudence humaine, comme le renard, le singe et le chien, ont beaucoup plus de cervelle que les autres, quoiqu'ils aient un corps beaucoup plus petit que le leur; ce qui a donné occasion à Gallien de dire que la petite tête est un grand défaut dans l'homme, d'autant qu'elle marque fort peu de cervelle, et d'assurer en même temps, *lib. artist. medicæ*, *cap.* 21, que si quelqu'un l'a grosse à cause d'un excès de matière mal disposée par la nature, c'est un mauvais signe, parce qu'elle n'a que des os, de la chair et presque point de cerveau; de sorte qu'il en est de même de ces sortes de gens que de ces grosses oranges qui, étant ouvertes, n'ont que fort peu de moelle et beaucoup d'écorce. » Nous recommandons ce passage aux partisans de la cranioscopie; ne croirait-on pas lire une scène de Molière !

« *Chez les animaux*, poursuit Huarte, *leurs différences tiennent encore à ce que leurs cerveaux sont différemment conditionnés*. C'est par cette raison que nous voyons certains ânes qui sont plus lourds les uns que les autres, que d'autres sont plus méchans que ceux de leur espèce; qu'il y a des chevaux beaucoup plus vicieux les uns que les autres; qu'il s'en trouve d'autres plus généreux, et qu'il y en a enfin dont la disposition est merveilleuse pour être dressés à tout ce qu'on veut, ce qui ne peut provenir que de la meilleure disposition de leur cerveau (1). »

connaissent les qualités des hommes par le front, et celles des femmes par la partie postérieure de la tête. Ils appellent les protubérances cranienne *kïo* mot qui signifie *corne*. Les prêtres bouddhistes sont très heureux, dit encore cet auteur, quand ils peuvent montrer sur leur crâne le kïo de la sainteté. Voyez *La Chine*, etc., par Davis, traduction de M. Bazin.

(1) L'*Examen des esprits pour la science*, composé par Huarte, médecin

C'est ainsi que non-seulement les facultés intellectuelles, mais encore les penchans, les instincts, se trouvent avoir leur siége dans le cerveau et y être représentés par des organes. Bossuet a admis le même fait dans son traité trop peu connu de la *Connaissance de Dieu et de soi-même*; Bonnet est allé plus loin dans sa *Palingénésie*, et dans son *Essai analytique sur l'ame;* il a assigné à chaque fibre cérébrale une fonction particulière de l'ordre affectif et de l'ordre intellectuel.

C'est ainsi que la seule donnée physiologique dont on doive reconnaître la vérité, en phrénologie, se trouve enseignée depuis plusieurs siècles. Or, c'est précisément derrière cette donnée que les partisans de ce système se retranchent, quand ils sont battus sur le terrain des assertions qui leur sont propres.

espagnol; traduit par François Savinien d'Alquié, Amsterdam, 1672; 2e édition, page 40 et suiv.

NOTE (G), PAGE 72.

Parallèle entre la théorie psychologique écossaise et celle des phrénologistes.

Pendant long-temps, il nous a été fort difficile de comprendre les anathèmes de MM. Broussais père et fils, contre la méthode d'observation intérieure de l'école écossaise, persuadés comme nous l'étions, que la phrénologie n'avait jamais procédé autrement, ce que plusieurs d'entre eux avouent très naïvement. Nous pourrions en effet difficilement concevoir tant de paroles véhémentes contre cette méthode, à l'aide de laquelle cette innocente école était arrivée, long-temps avant la phrénologie, à établir les données et les classifications que celle-ci essaya de faire de prévaloir plus tard. Ce problème est aujourd'hui résolu pour nous. M. Broussais père, luttant, sous la restauration, contre les enseignemens philosophiques qui se faisaient à la Sorbonne, enveloppa dans la même condamnation les leçons de M. Jouffroy et celles de M. Cousin, les désignant les unes et les autres sous le nom de *Kantoplatonisme* (1). M. Broussais ignorait alors que le *germanisme* de M. Cousin n'était pas *l'écossisme* de M. Jouffroy, et que les enseignemens de celui-ci n'avaient de commun avec ceux de M. Cousin que des prétentions à une doctrine spiritualiste, prétentions contre lesquelles nous nous élevons comme M. Broussais, mais pour des raisons bien différentes. Un examen plus attentif eût empêché l'auteur de *l'Irritation et de la folie*

(1) Ce mot barbare ne saurait avoir eu une signification bien claire dans l'esprit de M. Broussais lui-même. Certainement, il ne connaissait pas davantage le système de Kant que celui de Platon, lorsqu'il écrivait son traité *de l'Irritation et de la folie.* Il paraît depuis avoir fait amende honorable, car nous voyons dans un de ses écrits plus récens, qu'il apprécie mieux les idées de Reid et même celles de Kant qui ont peut-être contribué plus qu'on ne le pense à la conception de Gall, comme le dit Georget dans son ouvrage intitulé : *Physiologie du système nerveux,* tom. II, page 105.

de commettre cette erreur que M. Casimir Broussais a reproduite sans la reconnaître. Mieux instruit aujourd'hui, M. Broussais n'attaque plus le *Kantoplatonisme*, il épargne même les idées de Kant et de Reid, mais il ne cesse d'attaquer la méthode d'observation intérieure, afin de faire prévaloir la méthode prétendue expérimentale de la céphaloscopie. Voyez son Mémoire lu à l'Académie des sciences morales et politiques, en 1835, sur *l'Association du physique et du moral.* Or, nous pouvons résoudre la question de la méthode par ce raisonnement : Si la méthode d'observation intérieure est mauvaise, comment a-t-elle pu donner les mêmes résultats que la phrénologie? Si l'observation empirique est la seule bonne, comment n'a-t-elle rien produit de nouveau, et surtout, pourquoi les phrénologistes l'abandonnent-ils dans leurs travaux, comme il est facile de le voir en examinant les arrangemens et les déplacemens arbitraires qu'ils font chaque jour des facultés et des organes? Évidemment les uns et les autres suivent la même méthode, et l'observation céphaloscopique est une véritable dérision.

Pour que nos lecteurs soient convaincus de la vérité de cette assertion, nous leur citerons quelques pages de l'ouvrage de M. Lélut dans lesquelles cet auteur fait entre les deux doctrines, écossaise et phrénologique, des rapprochemens clairs et précis, dont on ne contestera pas l'exactitude.

« Cette doctrine de l'innéité des penchans et des facultés, de M. Lélut, dont Gall s'est en quelque sorte posé comme l'inventeur, et qu'il s'est en effet appropriée par les développemens qu'il lui a donnés, les preuves dont il l'a entourée, la vie qu'il lui a communiquée ; cette doctrine est réellement aussi vieille que la philosophie ; et j'ai montré jusqu'à l'évidence, par des citations longues et textuelles, qu'elle avait toujours été plus ou moins explicitement admise par un très grand nombre de philosophes de toutes les écoles, par les fauteurs des idées innées, comme par les adeptes du sensualisme, par Platon, Leibnitz, Descartes, etc., comme par Bacon, Locke, Ch. Bonnet, etc. Mais j'ai montré surtout qu'elle avait été portée au plus haut degré d'évidence et de développement par les travaux de l'école écossaise, et spécialement par ceux de Hutcheson, de Hume, de Reid et de D. Stewart. J'ai fait voir, en outre, que les études de psychologie comparée que nécessite la preuve de cette doctrine, avaient été faites de la manière la plus étendue par Reimarus ; et sans parler des travaux subséquens de Georges Leroy, de Dupont de Nemours, et autres ; j'ai dit que Reid, dans la partie de son système qui traite des facultés actives de l'esprit humain, s'appuie, à toutes les pages, de la psychologie des animaux, et que c'est même ainsi qu'il a été conduit à la distinction de ces facultés, en principes mécaniques, principes animaux et principes rationnels d'action.

« Qu'est-ce donc que Gall a fait de plus que ces philosophes, et spécialement que les moralistes écossais, par la doctrine de l'innéité des facultés ? Il est venu après eux, et surtout après Reid, et a trouvé les esprits préparés, chez un peuple dont le caractère et l'idiome sont ceux de la propagation. Il s'est montré avec des formes arrètées, affirmatives, enthousiastes, plus nécessaires encore pour faire triompher la vérité que pour répandre l'erreur, et qui manquaient à la philosophie de Reid, philosophie modeste, dubitative, approximative, *ne se donnant que pour ce qu'elle était.* Gall a cherché a parler *aux sens* en même temps qu'à l'esprit, *en disant organes et saillies, au lieu de facultés.*

« Si l'on voulait établir un double parallèle entre Hutcheson et Reid, et Gall et Spurzheim, ou la phrénologie, on trouverait assez bien que Hutcheson est à Reid, ce que Gall est à Spurzheim, et ce double parallèle, peut, ce me semble, offrir quelque intérêt.

« Ainsi, Hutcheson, comme Gall, a non-seulement reconnu et proclamé l'inneité des facultés morales, et leur prééminence sur les facultés intellectuelles, mais il a tenté d'accomplir une grande partie des détails de leur classification. Cela n'a pas pu avoir lieu, sans doute, sans un manque d'harmonie, sans un pêle-mêle, qui marque le commencement d'une doctrine réellement nouvelle ; mais ce défaut que la phrénologie elle-même a reproché aux premiers essais de Gall, n'empêche pas qu'on ne puisse rapprocher, sans trop de difficulté, les sens affectifs et moraux, admis par Hutcheson, de ceux qui ont été retrouvés plus tard par Gall et par la phrénologie.

« Ainsi d'abord, dans Hutcheson, les sens de la faim, de la soif, du plaisir sexuel, de l'amour conjugal et paternel, de la sociabilité, de la convoitise, des richesses, de la colère, représentent le premier genre de facultés *affectives* de la phrénologie, *les penchans*, et correspondent, *soit pour la chose, soit pour le nom*, aux instincts de l'alimentivité de l'amour physique, de l'amour des enfans, de l'attachement, du courage, de la propriété et de la destruction.

« Le sens de la bienveillance, de la compassion, de la reconnaissance, de l'approbation, de l'honneur, de la vénération ou religion naturelle, le sens moral, celui de l'imitation, du philosophe écossais, retracent dans la phrénologie, son genre *des sentimens*, et répondent exactement à ses facultés de la bienveillance, de l'approbation, de la vénération, de la conscience et de l'imitation.

« Les sens plus intellectuels de la beauté, du goût pour la grandeur et la nouveauté, du dessin, de l'harmonie, représentent dans les facultés *perceptives* de la phrénologie, celles de l'idéalité, de l'individualité, de la configuration (sens des arts du dessin, de Gall) celle du temps et des tons (sens de la musique de Gall.)

« Enfin, les facultés de l'entendement sur lesquelles Hutcheson ne s'est pas étendu, à dessein, représentent ou les facultés *réflectives* de la phrénologie, ou les modes d'action des facultés en général, et surtout les facultés supérieures; sans compter que son instinct de la curiosité peut se rapporter à celui de la causalité de Spurzheim.

« En rendant compte du système de Reid, ou plutôt de la partie de ce système qui traite des facultés actives de l'esprit humain, j'ai jeté en avant quelques rapprochemeus entre ces facultés et les facultés primordiales admises par la phrénologie. C'est ici le lieu de compléter ce parallèle, non pas seulement pour voir laquelle des deux manières d'envisager les véritables facultés est la plus parfaite et la plus vraie, et ce que Gall a pu ajouter, sans le savoir, à ce qu'avait accompli à cet égard l'auteur de la *Philosophie du sens commun*, mais surtout pour déterminer, d'une manière définitive, le degré de vérité et d'utilité qu'il est possible et nécessaire de donner à la distinction des facultés affectives et morales, c'est-à-dire des facultés réellement primordiales et actives de l'intelligence humaine.

« A envisager le système de Reid et la phrénologie dans leur ensemble, on sait d'abord que le premier est plus complet, plus étendu, qu'il part de plus bas que la phrénologie, puisque son auteur, à l'exemple de Reimarus, reconnaît les *principes mécaniques d'action* qu'il nomme instincts et habitudes, et qu'il rapporte aux besoins de l'alimentation, de la respiration, aux mouvemens subits et instinctifs, à ceux de succion, de déglutition, etc., etc. La phrénologie, qui commence maintenant à parler d'instincts d'alimentation, de respiration, a, comme on le sait, encore du chemin à faire pour inventer les différens instincts mécaniques qui se trouvent tout établis dans Reid, depuis plus d'un demi-siècle, et même pour *dédoubler*, comme elle ne tardera pas à le faire, l'instinct d'alimentation en instinct de la faim et de la soif, à l'exemple de Reid encore qui place ces deux appétits en tête de ses principes animaux d'action.

« On ne trouve pas, il est vrai, dans l'ouvrage de ce dernier, tout un ordre des facultés admises par Spurzheim, les *facultés perceptives*, dont la plupart, au reste, sont comme je l'ai déjà dit, simplement probables aux yeux de beaucoup de phrénologistes. Il ne faut pas croire, pour cela, que Reid ait pensé que nos sensations externes, ou les résultats de l'action de nos facultés perceptives immédiates, suffisent pour expliquer les talens que le sensualisme en faisait immédiatement dériver. Voici, au contraire, comment il s'exprime sur le talent de la musique, qui est certainement un des plus tranchés, et dont, pour cela même, la faculté doit être la plus incontestable: « *Quoique ce soit par l'ouïe que nous soyons capables des perceptions de l'harmonie, de la mélodie et des charmes de la musique, cependant ces charmes, pour être bien sentis, paraissent exiger une faculté plus pure, plus élevée, ce que nous appelons une oreille musicale. Mais comme elle a des degrés bien différens dans ceux qui n'ont que la simple faculté de l'ouïe également parfaite, nous ne l'admettons point dans le nombre des sens extérieurs. Nous la placerons plutôt dans une classe supérieure* (1). »

Quant aux autres talens, aux aptitudes surtout intellectuelles, Reid n'a pas cru la chose assez importante pour les rallier à des facultés assez distinctes; et il les rapporte, d'une manière plus ou moins formelle, aux facultés intellectuelles de la conception ou de l'imagination, et surtout à celle du goût, dont les objets sont au nombre de trois, la nouveauté, la grandeur et la beauté. De même, les facultés réflectives de la phrénologie correspondent dans son ouvrage, soit au désir de connaissance, soit aux facultés intellectuelles de l'abstraction et du raisonnement, et elles ne sont en effet que cela.

« Je ne parle des cinq sens extérieurs, dont les attributions ne peuvent, dans leur généralité au moins, offrir de contestation ou de différence d'opinion dans aucune doctrine. Restent donc, comme objet de comparaison dans les deux systèmes, d'une part les penchans et les sentimens de la phrénologie, d'autre part, dans le système de Reid, les principes animaux d'action qui comprennent les appétits, les devoirs et les affections, soit bienveillantes, soit malveillantes, et enfin les deux principes rationnels d'action.

« Je remarque d'abord que le nombre de ces facultés restantes est, à quelques unes près au moins, le même dans Reid que dans la phrénologie; et en outre, que Reid, comme et avant cette dernière, a suivi, dans l'arrangement des facultés, une marche ascensionnelle des animaux vers l'homme, tellement que son premier appétit, après la faim et la soif, est l'appétit du sexe, l'*amativité* de la phrénologie; que ses devoirs et la plupart de ses affections, soit bienveillantes, soit mal-

(1) Th. Reid, *Recherches sur l'Entendement humain d'après les principes du sens commun*, traduction française. Paris, 1788, 2 vol. in-12, vol. 1er, p. 120. Nous aurions voulu voir cette citation dans le discours *Sur le talent de la musique* que M. le D. Fossati a inséré dans le *Journal de la Société phrénologique de Paris*, n° de janvier 1835.

veillantes, à part quelques exceptions, se retrouvent en partie dans les animaux, et qu'il n'y a réellement que ses *principes rationnels d'actions*, l'intérêt bien entendu et le sens du devoir, qui seraient exclusivement propres à l'homme. Il y a plus, cette dernière faculté (le sens du devoir, le sens moral, la conscience, la justice) termine assurément mieux une échelle ascendante des sentimens moraux que ne le fait, dans le système de Spurzheim, le sens de l'imitation, instinct presque automatique, commun aux animaux et à l'homme, que Reid a relégué avec raison parmi les principes mécaniques d'action, pour donner la place la plus élevée au sens du devoir ou à la justice, tandis que la phrénologie laisse, mal à propos, cette dernière faculté à côté de l'espérance et au-dessous de l'imitation, de la gaieté, de l'imagination, et du sens du merveilleux. »

M. Lélut, après avoir fait ces rapprochemens, montre avec l'impartialité qui distingue son ouvrage, les lacunes qu'a laissées l'école écossaise et que la phrénologie a remplies ; il signale en même temps les lacunes laissées par la phrénologie, et que l'école écossaise avait eu soin de combler. Il conclut de ces observations que « en combinant ces deux systèmes l'un « avec l'autre, c'est-à-dire en introduisant dans la liste de la « phrénologie quelques facultés admises par Reid, le besoin « d'activité, la curiosité, la croyance, le désir du pouvoir, « la reconnaissance; en opérant, dans cette liste, quelques « déplacemens; en plaçant tout-à-fait en bas l'instinct d'imi- « tation et celui de causalité, lequel se confondrait alors « avec la curiosité, et tout-à-fait dans le haut le sens mo- « ral ou la justice, on arriverait, ce me semble, à un système « des facultés primordiales ou actives, plus voisin peut-être « de la vérité qu'aucun de ceux qui ont été proposés jusqu'à « ce jour » — Comme on le voit, M. Lélut fait bon marché de la *méthode expérimentale céphaloscopique* (1), dans son

(1) M. Lélut ne diffère des phrénologistes que parce qu'il ne peut se résoudre à adopter comme vraie la *répartition organique que la phrénologie fait de l'encéphale*. Cela suffit aux phrénologistes pour regarder M. Lé-

plan d'arrangement psychologique des facultés; il ne fait au reste qu'imiter en cela la libre allure des phrénologistes, qui placent, déplacent, rangent, dérangent, bouleversent, à l'envi les uns des autres, les facultés prétendues primitives, leurs organes, leur classification, leurs attributions, leur mode d'action, etc.

Nos lecteurs doivent n'avoir plus de doute sur la stérilité incontestable et avouée de l'application que la phrénologie prétend avoir faite de la *méthode de Bacon.*

lut comme un de leurs adversaires, tant il est vrai que pour le système la question cérébroscopique et cranioscopique est une question de vie ou de mort. C'est le *to be or not to be* de la doctrine.

NOTE (G *bis*), Page 86 (1).

Polémique entre Gall et Spurzheim.

Après plusieurs années de travaux et de voyages faits ensemble, Gall et Spurzheim se séparèrent; à quelques discussions qui s'étaient élevées entre eux, succéda une éclatante rupture. Nous devons ne relever de leur polémique que les assertions qui servent à démontrer la stérilité de la méthode expérimentale qu'on vante tant aujourd'hui.

On sait que Gall et Spurzheim publièrent en 1808 leurs *Recherches anatomiques sur le système nerveux en général et sur le cerveau en particulier.* Ils présentèrent le résultat de leurs travaux dans un Mémoire qui fut lu à l'Académie des sciences, et sur lequel M. Cuvier fit un rapport qui désappointa les auteurs. M. Cuvier vit dans ces recherches un travail anatomique remarquable, digne à plusieurs égards d'une haute considération; mais il ne put voir, comme l'auraient désiré les auteurs, aucun rapport entre ces travaux et les conséquences physiologiques qu'ils voulaient en tirer. M. Cuvier fut et est encore accusé par les partisans du système d'avoir manqué à la loyauté, et d'avoir passé sous silence, comme non avenues, la cranioscopie et la cérébroscopie, moins parce qu'il les regardait comme peu dignes d'une attention sérieuse, que parce que, dit-on, il aurait voulu faire sa cour à l'empereur, qui se moquait beaucoup du système de Gall. La mémoire de Cuvier n'a pas besoin que nous la défendions contre cette accusation ridicule. Il suffira de dire ce que tous les phrénologistes eux-mêmes savent fort bien, que les assertions de Gall et de Spurzheim, sur la structure et sur la direction des fibres cérébrales, peuvent être vraies, sans qu'elles

(1) Nous prions nos lecteurs de ne pas confondre cette note avec la précédente. C'est par erreur que nous avons employé dans la page 86 la lettre (G) qui avait déjà servi de renvoi à une note précédente, page 72.

puissent protéger la cérébroscopie et la cranioscopie, sans que les circonvolutions puissent être désignées comme les organes des sens internes ; en un mot, il n'y a entre ces deux ordres de faits aucune corrélation nécessaire. C'est ce que Cuvier a vu ; c'est ce que tous les anatomistes peuvent voir; c'est ce qui est vrai (1).

Spurzheim ne dit-il pas lui-même que l'*idée que Gall s'était formée des déplissemens du cerveau était toute contraire à la pluralité des organes*, et que lui, Spurzheim, fut obligé de rectifier cette partie du travail commun. Ces choses se disent dans les momens de récrimination, et ces momens, entre les deux auteurs, ont été longs et orageux.

Saisissons donc ceux d'entre ces aveux qui disent plus sur la méthode phrénologique que tout ce que nous pourrions en dire nous-même.

« M. Spurzheim, dit Gall, page XXIV, reconnaît huit or- « ganes de plus que je n'en admets. Quant aux organes de « l'habitativité, de l'ordre, du temps, et de la surnaturalité, « nous en avons souvent parlé; mais je fus toujours de l'avis « qu'il ne convient de les recevoir dans le nombre des organes, « que quand leur *siége est prouvé par un assez grand* « *nombre d'observations exactes.* »

Il est évident, par ces mots, que Gall commençait par imaginer les facultés qu'il devait faire entrer dans son catalogue, avant de songer aux organes, et que, par conséquent, il n'arrivait pas à la connaissance des facultés par la méthode empirique, c'est-à-dire par l'observation des protubérances, quoi-

(1) Les travaux anatomiques sur le cerveau de Gall et Spurzheim tendaient à démontrer « que les circonvolutions du cerveau sont le résultat de l'épanouissement des fibres nerveuses, qui, en partant des éminences pyramidales, traversent le pont de Varole, puis, vont dans les corps striés, recevoir, comme il le dit, de nouveaux renforcemens; et enfin, continuant toujours à diverger, finissent par former les parties extérieures des hémisphères cérébraux. » Comme l'on voit, il n'y a pas un rapport nécessaire entre cette direction anatomique des fibres cérébrales et la doctrine des organes cérébraux que ces savans anatomistes nous ont transmise.

qu'il eût affecté cette dernière prétention dans les cours publics, quoique, de nos jours encore, on soutienne que Gall n'a fait des découvertes que par cette méthode. Mais voici maintenant la réponse de Spurzheim à cette attaque du maître irrité :

« D'après sa manière de s'exprimer dans ce passage, dit « Spurzheim, *on dirait qu'il ne parle jamais d'un organe « avant d'en être parfaitement certain. Cependant il a sou- « vent fait le contraire.* Toute indication d'organe n'a été au « commencement que conjecturale, et il n'a été démontré « qu'à mesure que les expériences se sont multipliées. M. Gall « a souvent communiqué ses idées par rapport aux organes « avant d'avoir suffisamment répété ses expériences pour en « être sûr. Il a même, dans les cours, assigné à des organes tel « siége que plus tard il a reconnu inexact. Par exemple, en « quittant Vienne il a admis un organe du meurtre dans l'es- « pèce humaine. Mais il doit se rappeler que le siége de cet « organe était indiqué trop haut et trop en arrière de la tête, « et que ce n'est que depuis notre visite à Halle en Saxe, chez « M. le professeur Loder (soudaine inspiration !), que le vé- « ritable siége a pu être fixé. N'a-t-il pas traité, pendant nos « voyages, jusqu'à Paris, des organes de l'amitié et du sens « des personnes, comme étant très incertains ? Qu'il n'admette « pas les huit organes dont je parle avant de les avoir lui- « même reconnus ; *mais qu'il ne blâme pas ma manière de « les établir, car elle est conforme à la sienne.* »

Spurzheim continue et dit :

« Autrefois Gall a dit dans ses cours, que l'organe de la re- « ligion et de la morale n'était qu'un. Il a même fait impri- « mer cette opinion en 1818 (vol. II, page 335). Cependant, « quelques temps après, il n'a plus pensé ainsi : *J'admets*, « dit-il, page XXV de ses remarques sur mon ouvrage, *un or- « gane pour le sens moral ou pour le sentiment du juste ;* « mais j'ai des raisons très fortes *de ne regarder la bienveil- « lance que comme la manifestation très énergique du sens « moral ; ainsi je traite ces qualités sous la* RUBRIQUE *d'un « seul organe.* Pourquoi, reprend Spurzheim, n'avait-il pas « gardé le silence de son idée jusqu'à ce qu'elle fût *prouvée*

« *par un assez grand nombre d'observations exactes ?*
« pourquoi publie-t-il le changement de son opinion ? a-t-il « assez d'observations exactes ? je n'hésite pas de rejeter également cette seconde assertion, etc., etc. » Spurzheim tâche de prouver, par la méthode d'observation intérieure, ce qui était depuis long-temps reconnu par tout le monde, que la bienveillance n'est pas la justice et que la justice n'est pas la bienveillance, puisque celle-ci est facilement partiale et injuste, tandis que celle-là commande le sacrifice de celle-ci, etc.

Gall avait admis des sens intérieurs et des sens extérieurs ; mais selon lui, cette différence se borne à leurs fonctions ; ils sont susceptibles des mêmes modes d'actions et des mêmes degrés d'activité. A cette théorie, que nous avons reproduite dans le § 3 de la 3e partie de notre *Examen*, Spurzheim répond ainsi :

« J'admets comme Haller, Cabanis, Gall et autres, deux « sources de l'activité de l'ame, une extérieure et une inté- « rieure, ou en d'autres termes, des sens extérieurs et des sens « intérieurs ; mais je ne pense pas comme eux que les sens « extérieurs suffisent pour faire connaître l'existence des objets « extérieurs et leurs qualités pyhsiques. *J'attribue ces con-* « *naissances à des sens intérieurs.....*

« Je ne partage pas non plus l'opinion de Gall que toutes « les facultés de la vie animale seraient susceptibles des mêmes « modes d'action. Je crois qu'il y a des différences essentielles « entre elles... L'appétit ou le désir de manger est une sensa- « tion, mais il ne connaît pas les alimens ; l'amour physique « est une manière de sentir, mais il n'a pas la conception de « l'objet de la satisfaction. Le respect peut s'appliquer à des « objets qui en sont dignes ou indignes, à des ognons, des ser- « pens, des chats, etc., comme à l'Être suprême. Il en est de « même de toutes les facultés affectives ; elles sont aveugles et « ne connaissent pas les objets de leur satisfaction.... » — Il nous semble difficile d'être plus libre dans ses allures, et d'être moins esclave de la méthode empirique vantée par les docteurs du système. Gall aurait dit quelque part : *Faites-moi connaître les facultés et je vous découvrirai les organes ;* c'était donner à l'observation intérieure une pleine et entière légitimité, c'était avouer la stérilité de la méthode dite empirique. Pourquoi dans ce cas vanter cette méthode ?

Spurzheim continue :

« M. Gall cite le passage de mon ouvrage où je dis que je « ne pense pas que les caractères déterminés et les actions « positives dénotent les facultés fondamentales ; par exemple, « qu'il y ait une faculté de la ruse, une de la poésie, une « de la métaphysique ; au lieu de refuter mes idées, il change « de thèse, et il tâche de prouver que le nom d'amativité ne « vaut pas mieux que celui de l'instinct de la propagation. « Ce procédé prouve bien que M. Gall a de la ruse, mais « non pas que la ruse soit le résultat d'une faculté seule ni « que le nom d'instinct à cacher vaille moins que celui de la « ruse. » Gall avait décidé que certaines affections provenaient de l'inactivité d'un organe, et qu'ainsi la peur n'était autre chose que l'inactivité du sens du courage. Spurzheim affirme que la peur dépend de l'action du sens de la circonspection. Selon Gall, la peur, la haine, la médisance, la cruauté, sont des qualités négatives, c'est-à-dire dépendantes de l'inactivité ou de l'épuisement des organes du courage, de la bienveillance, du sens du devoir. Selon Spurzheim, elles dépendent de l'action très énergique d'autres organes. Gall, en prétendant qu'il est des affections qui, comme la fatigue, le dégoût, résultent de la satiété et de l'épuisement de certaines facultés, et en appelant ces affections des *abus*, donne lieu à Spurzheim de lui répondre en ces termes :

« C'est une plaisanterie de sa façon d'appeler, page XXXIII, « l'impuissance un abus de l'amativité, et de placer la poltronnerie dans la combattivité, la sensiblerie dans la destructivité, l'indiscrétion dans la sécrétivité, l'ingratitude dans « la bienveillance, etc. Quant à moi, je définirai ce passage « un *abus* du bel esprit. »

En voilà assez pour initier le lecteur aux mystères de la méthode à l'aide de laquelle le maître et le premier disciple sont parvenus à donner naissance à la phrénologie.

NOTE (H), Page 102.

Des applications de la doctrine des tempéramens et de la phrénologie à l'étude de l'histoire et à l'intelligence des doctrines qui ont été enseignées dans le monde.

Il est impossible que les systèmes physiologiques dont les tendances sont matérialistes (et ces tendances existent souvent malgré les convictions opposées de leurs auteurs), ne soient pas amenés à donner l'explication des paroles et des actes dont l'histoire a conservé le souvenir. Des conditions organiques particulières, presque toujours imaginaires, sont signalées par ces systèmes comme rendant raison des manifestations diverses de l'activité humaine, et ces conditions organiques varient avec les doctrines physiologiques qui les proclament. Si la doctrine des tempéramens est dominante dans les écoles, ce sera à l'aide de cette hypothèse qu'on donnera les explications historiques. Si c'est la doctrine du froid, dn chaud, du sec et de l'humide, qui domine, c'est sur cette hypothèse que s'appuient les physiologistes dans leur interprétation biographiques Le tour de la phrénologie est venu, et cette nouvelle hypothèse ne paraît pas destinée à servir de base à de plus modestes prétentions. L'erreur est la même pour tous ces systèmes, elle varie seulement dans les termes. A la même erreur, nous prédisons la même destinée.

Voici le problème posé par ces systèmes : les actes et les paroles d'un homme étant connus, s'élever à la connaissance des conditions physiologiques et anatomiques de son organisme comme si cet homme vivait au milieu de nous. Il faut avouer que c'est prétendre trouver une merveilleuse inconnue. Ce ne serait pas chose facile à découvrir, alors même que des résurrections miraculeuses viendraient au secours de la solution du problème. Le problème reste le même, ou à peu près, s'il s'agit de découvrir, d'après son histoire, quelles ont été les conditions physiologiques d'un peuple.

Pour le système que nous examinons, Homère, Wysa, Fohi, Orphée, etc., sont des hommes dont l'organisation cérébrale est aussi positivement connue que si leurs têtes avaient passé par les mains des docteurs. Ils ne tariront pas, si vous les mettez sur ce chapitre, dans leurs descriptions exactes et minutieuses; ils ne s'arrêteront que lorsque vous leur direz, comme on l'a dit à ceux qui passaient leur vie à rechercher les traces biographiques d'Homère, que ces grands hommes sont des mythes et non des réalités humaines. Mais vous ne pourrez pas contester l'existence de Socrate, de Platon, d'Aristote, d'Hippocrate, d'Alexandre-le-Grand, etc.; il faudra bien que vous les entendiez jusqu'au bout. S'agit-il, en effet, d'hommes célèbres dont les images ne sont pas parvenues jusqu'à nous; les docteurs vous diront: Ils *devaient avoir* tels et tels organes cérébraux très développés. S'agit-il d'hommes également célèbres dont les images peintes ou sculptées sont venues jusqu'à nous; les docteurs vous diront: Ils *avaient* tels ou tels organes très développés. Ces messieurs ne sont jamais en défaut; ils poussent le roman jusqu'au dénouement. Ils expliqueront par les organes cérébraux qu'ils ne manqueront pas de découvrir, tous les actes remarquables, vrais ou faux, que l'histoire de ces hommes a conservés. Ils nous donneront cette explication avec une confiance entière dans la fidèle habileté des artistes qui, sans connaître la phrénologie et sans pratiquer le moulage, doivent avoir transmis avec une précision mathématique, toutes les saillies et toutes les dépressions des têtes qu'ils ont figurées. C'est ainsi que le *Phédon* et *la république* de Platon se trouvent parfaitement expliqués par la phrénologie. Voyez l'ouvrage de M. G. Combes intitulé: *Outlines of phrenology*, dans lequel ce disciple de Spurzheim nous parle des organes cérébraux de Platon, de Néron, de Robert Bruce, de Socrate, etc. Si vous craignez d'être séduit par les imaginations de cet auteur, ayez présentes à votre pensée les discussions auxquelles a donné lieu la partie de la tête de Napoléon que M. Antomarchi prétend avoir moulée à Ste-Hélène. N'oubliez pas que le moule fameux a été une pierre d'achoppement contre laquelle des adversaires de la phrénologie ont voulu briser le système; que, dans les deux camps, la colère a été vive, que le combat a eu lieu, vif et acharné, que *l'esprit casanier* de l'empereur, affirmé par les uns comme résultant d'une saillie incontestable, rompit une lance avec *l'esprit avantureux* opposé avec ardeur par les autres; que, de part et d'autre, il y a eu une grêle d'injures et d'épigrammes, et que, heureusement, il n'y a eu d'atteint, dans ce terrible conflit, que le *plâtre* du docteur Antomarchi sur l'infidélité duquel la phrénologie fit retomber toutes les blessures qui l'avaient mise hors de combat. Le docteur Automarchi expie maintenant la folle confiance qu'il eut un jour dans la phrénologie; il porte au nouveau-monde ce même moule qui a été si mal accueilli dans l'ancien hémisphère. Voyez à ce sujet la polémique très curieuse qui a eu lieu entre la *Gazette Médicale* et le *Journal de la Société phrénologique de Paris.*

Mais si quelquefois il est facile aux adversaires de la phrénologie de redresser, pièces en main, les assertions cranio-cérébro-archéologiques des docteurs du système, il faut croire qu'ils ont rarement cet avantage. Il n'est pas donné à tout le monde de posséder le crâne moulé d'un Alexandre et d'un César, d'un Socrate et d'un Pithagore; il faut bien se taire, et laisser parler les phrénologistes, comme on a laissé parler les physiologistes qui ont donné la température et le degré de sécheresse ou d'humidité des cerveaux comparés d'Aristote et de Platon, qui ont dit d'Alexandre-le-Grand et de César qu'ils avaient telle humeur dominante, de tel poète qu'il avait la *cholère* (la bile) au cerveau, des Scythes qu'ils avaient le cerveau froid et humide, le tempérament lymphatique, des Grecs qu'ils avaient le cerveau plus sec et plus chaud, etc., etc. Voici un passage de Huarte, célèbre médecin espagnol du seizième siècle dans lequel il nous donne les conditions physiologiques les plus intimes de la personne humaine de Jésus-Christ, qu'il a bien soin, dans toute la sincérité de sa foi chrétienne, de distinguer de sa personne divine.

« Le cerveau de notre Rédempteur Jésus-Christ étoit fort « humide au point de sa naissance, parce que c'est chose « naturelle et ordinaire de l'avoir ainsi en tel âge, c'est pour-

« quoy son ame qui estoit grande ne pouvoit point discourir ny « philosopher avec un tel instrument; voylà pourquoy la science « infuse ne pouvoit pas parvenir jusques à la mémoire, ny « jusques à l'imagination, ny aussi jusques à l'entendement, « parce que ces trois puissances sont organiques, comme nous « l'avons prouvé, et qu'elles n'ont pas la perfection qu'elles « doivent avoir, mais en suite des temps son cerveau venant à « se desseicher, l'ame raisonnable manifestoit tous les jours, de « plus en plus la science infuse qu'il avoit, et la communiquoit à « ses puissances corporelles. Outre cette science surnaturelle, « il en avoit une autre touchant les choses que les enfans en- « tendent, ce qu'ils voient, ce qu'ils sentent, ce qu'ils « touchent et ce qu'ils goûtent. Il ne faut point douter que Jé- « sus-Christ n'eût cette science-là comme le commun des en- « fans des hommes, et que pour cette raison, pour bien voir « les choses, il avoit besoin de bons yeux, et pour ouyr, de « bonnes oreilles, et par conséquent d'un bon cerveau pour « pouvoir juger du bien et du mal; mais aussi il faut savoir « que comme il mangeoit ces viandes délicates (lesquelles « viandes n'étoient autre chose que la fleur du laict mangée « avec du miel selon la prophétie: *Butyrum et mel comedet,* « *ut sciat reprobare malum et eligere bonum*), son cerveau « s'organisoit tous les jours de mieux en mieux, et acquéroit « de plus grandes connoissances; de manière que si Dieu lui « eût ôté la science infuse, à trois diverses fois pendant sa vie, « pour voir ce qu'il avoit acquis, nous eussions connu qu'il « savoit plus à dix ans qu'à cinq, à vingt plus qu'à dix, et à « trente-trois plus qu'à vingt. Maintenant, pour savoir si cette « doctrine est véritable et catholique, il ne faut que consi- « dérer ce que dit le texte évangélique: *Et Jesus proficiebat* « *sapientia et ætate et gratia apud Deum et homines.* « Entre tous les sens que la Sainte-Écriture peut recevoir, « j'estime le littéral meilleur que celuy qui oste aux termes « leur propre et naturelle signification. Quant aux qualités et « quant à la substance que doit avoir le cerveau, nous avons « déjà dit, suivant l'opinion d'Héraclite, que la sécheresse « fait l'ame très sage; nous avons prouvé, selon l'opinion de

« Galien, que quand le cerveau est composé de substance fort « délicate , l'esprit en est très subtil. Jésus-Christ notre Ré« dempteur augmentoit avec l'âge en sécheresse; car depuis « l'heure de la naissance jusques à celle de la mort, la chair se « desseiche et même l'on devient plus sçavant, si bien que les « parties délicates du cerveau se refaisoient en mangeant les « viandes dont parle le prophète Isaye ; car puisqu'il lui « étoit nécesssaire à toute heure de prendre nourriture, et de « réparer la substance qui s'évaporoit, par le moyen de cette « viande seulement et non par aucune autre matière; et il est « certain que s'il eût toujours mangé de la chair grossière, son « cerveau se seroit rendu grossier en peu de temps, et eût acquis « un mauvais tempérament avec lequel son ame raisonnable n'eût « peu repousser le mal ni eslire le bien, sinon par miracle, « en usant de son pouvoir absolu. Mais enfin, Dieu voulant « qu'il fût nourri par des moyens naturels, commanda qu'il « usât de viandes si délicates, que son cerveau fût tellement « composé et organisé, que, sans se servir de la science infuse « qui étoit en lui, il pouvoit naturellement rejetter le mal « et eslire le bien, de même que les autres enfans des « hommes. »

Voilà un exemple, entre mille, que nous pourrions citer, de la conséquence matérialiste tirée logiquement d'une science fausse, par un homme qu'on n'accusera certes pas d'hostilité contre les enseignemens de l'Église catholique. Huarte et ses contemporains, dans leur foi naïve, avaient accepté une science qui était loin de concorder avec elle; cette contradiction l'embarrassa souvent. Le docteur alla jusqu'à se demander si l'influence du diable qui cause les mauvaises inclinations peut agir sur l'homme autrement que par les mauvaises qualités corporelles dans lesquelles il aime à séjourner, et si l'action de Dieu peut produire les bonnes inclinations autrement que par les bonnes qualités corporelles dans lesquelles il se complaît. Il résout le problème négativement, en s'appuyant sur Aristote et sur l'Écriture sainte.

Voici maintenant ce que Gall dit de J.-C. après avoir parlé des têtes de plusieurs hommes célébres par leur piété et par leur mysticisme (1) : « On ne sera plus étonné, à présent, de reconnaître la même conformation dans les têtes du Christ, de Raphaël. Dans ces mêmes têtes, les parties postérieures sont aplaties, par conséquent les organes des qualités communes à l'homme et aux animaux, sont très peu actives. Les organes, au contraire, placés sur la ligne médiane de la partie anté-

(1) Gall avait donné aux phrénologistes modernes l'exemple de ces explications historiques. Il avait cité Marc-Aurèle, Constantin (Constantin, entendez-vous), saint Jean-Chrisostôme, saint Ambroise, saint Athanase, saint Ignace de Segola, Mallebranche, Lamennais, etc., comme possédaut au plus haut degré l'organe de la *théosophie*, (source du mysticisme) (*), qui fait bomber considérablement la partie postérieure moyenne de la moitié supérieure du frontal. Il avait cité, comme modèles de l'organisation pour *l'esprit méthaphysique*, Socrate, Démocrite, Cicéron, etc. « J'avais remarqué, depuis long-temps, dit-il, que quelques hommes auxquels on attribuait un grand esprit philosophique, (que signifie ce mot, nous le demandons à la phrénologie ?) avaient la partie antérieure du front singulièrement large et bombée » ; c'est à propos de ses observations qu'il cite entre autres ces trois philosophes anciens (**). Il avait signalé l'organe de la *sagacité comparative* dans saint François de Sales, à cause de son érudition (*rapprochemens* de passages et de faits) dans saint Thomas d'Aquin, dans Lafontaine, à cause de ses allégories ou de ses fables, etc. (***). Il avait découvert l'organe de *l'esprit de saillie* dans Aristophanes, dans Diogène le cynique (l'homme le plus sérieux du monde), dans Cicéron qu'il représente comme un railleur déterminé, etc. (****).

Les Hindous figurent, depuis quelques années, dans les écrits des phrénologistes, comme un peuple dont l'extrême douceur et les habitudes frugivores s'expliquent par l'organe de la douceur et de la bienveillance qui, dit-on, est bien développé chez eux. Ici, l'ignorance est par trop évidente, quoique le préjugé soit partagé par beaucoup de personnes. Les phrénologistes ne sont pas très savans en histoire ; ne leur demandons pas comment il expliqueront la bravoure proverbiale et long-temps redoutée par les Anglais, des Marathes et surtout celle des Radjpouts qui sont de la race pure des anciens Hindous. Aucune nation ne s'est montrée plus belliqueuse, plus guerrière, même chez les peuples auxquels la phrénologie reconnaît la prédominance de l'organe de la combattivité.

(*) Sur les fonctions du cerveau, tom. V, p. 386.
(**) Même ouv., même vol., p, 208.
(***) Ib., ib., p. 201.
(****) Ib., ib., p. 215.

rieure supérieure de l'os frontal, sont très développés, d'où il résulte que les têtes sont l'expression de la sagacité, de la pénétration, de la bienveillance et du sentiment de Dieu, enfin de la source de la plus pure morale.

« Mais cette forme divine a-t-elle été inventée ou peut-on présumer qu'elle soit la copie fidèle de l'original?

« Il est possible que les artistes aient imité la forme des têtes des hommes les plus vertueux, les plus justes et les plus bienveillans, pour donner un caractère aux têtes du Christ qu'ils voulaient représenter. Dans ce cas, l'observation de ces artistes confirmerait la mienne. Cependant cette marche *suppose* ou *un pressentiment de l'organologie* ou au moins *trop de circonspection pour qu'elle me paraisse admissible.*

« Il est plus probable qu'au moins le type général de la forme de la tête du Christ nous ait été transmis. Saint Luc était peintre, et en cette qualité, comment n'aurait-il pas voulu conserver les traits de son maître? Il est certain que cette forme de la tête du Christ est d'une très haute antiquité, on la trouve dans les mosaïques, dans les tableaux les plus anciens. Les gnostiques du deuxième siècle possédaient des images de Jésus, ainsi (admirez le raisonnement) ni Raphël, ni aucun artiste plus ancien n'a inventé cette configuration admirable de la tête de Jésus-Christ. »

Que le lecteur prononce maintenant entre Huarte et Gall.

Certes, en faisant ces rapprochemens entre les explications historiques des phrénologistes et celles de la plupart des physiologistes, nous n'avons pas l'intention de démontrer que les uns et les autres ont eu la même naïveté, sous tous les rapports; nous désirons seulement rappeler à nos lecteurs les erreurs et les extravagances identiques auxquelles conduisent toujours, quoique sous les formes les plus diverses, les mêmes folies et les mêmes prétentions.

NOTE (I), Page 105.

La théorie des philosophes appelés SENSUALISTES, *ne diffère que dans quelques détails secondaires de celle des phrénologistes. — Erreur des phrénologistes à cet égard.*

Aristote a dit : *Nihil est in intellectu quin prius fuerit in sensu*, et Leibnitz a ajouté : *Nisi ipse intellectus.* Qu'est-ce que cela signifie? nous nous trouvons obligé de le dire, quoique cela soit connu de tout le monde, à l'exception peut-être des phrénologistes, cela veut dire que l'ame est une table rase, pour nous servir de l'expression d'Aristote, et qu'elle ne *connaît* rien sans l'intermédiaire des sens. Leibnitz, admettant avec Platon des *connaissances* ou des idées innées, fait une réserve en faveur de ces dernières qui ne sont pas données par les sens et qui sont propres à l'ame ; de là son mot : *Nisi ipse intellectus.* Notez bien qu'il s'agit ici de *connaître* et non de *sentir*, d'avoir des *idées*, c'est-à-dire des images, des notions, et non d'éprouver des penchans et des sentimens. Or, dites-nous quelle est la source de la *connaissance*, dans la théorie des phrénologistes ? dites-nous si elle n'est pas absolument la même? Quelle est l'idée, quelle est la *notion* qui, d'après cette théorie, peut être regardée comme indépendante de l'action des cinq sens. Ils admettent des dispostions innées ou organiques, ils admettent des aptitudes et des impulsions intercraniennes; mais ces aptitudes et ces impulsions, sans le témoignage des sens externes et sans un enseignement, peuvent-elles donner naissance à une idée, à une notion, à une connaissance. Les idées ne naissent pas seules, par l'action des sens internes. Le système ne peut pas admettre sérieusement cette erreur. Or, toute la question est là. Résolue différemment par Aristote et par Platon, cette question n'a donc point pour objet de discuter la source de nos impulsions et de nos sentimens ; son objet est plutôt de résoudre le problème de la source de nos idées. Or, les phrénologistes confondent tout cela.

Nous dirons donc que, s'il s'agit de déterminer quelle est la source de nos connaissances, les phrénologistes sont d'accord avec Aristote et avec l'école dite sensualiste, et qu'ils sont en opposition avec les Platoniciens ou les partisans des idées innées. Nous dirons encore que, s'il s'agit de déterminer quelle est la source de nos instincts, de nos impulsions et de nos aptitudes, les phrénologistes sont encore d'accord avec Aristote et avec l'école dite sensualiste; bien plus, sous ce rapport, ils sont en harmonie parfaite avec tous les philosophes.

Maintenant nous pouvons signaler quelle est l'erreur des uns et des autres.

Les partisans des *idées innées* se trompent parce qu'ils regardent comme étant inhérentes à l'ame les notions que les hommes reçoivent de la société, par la parole, par l'enseignement. Cette erreur tient à ce que Platon regardait l'ame raisonnable comme préexistant à l'existence terrestre et comme emportant avec elle les idées archétypes de l'univers. Or, cette erreur émanait du dogme de la chute et des transmigrations, qui dominait en Egypte et dans l'Inde.

Les partisans de la *table rase* se trompent, parce qu'ils regardent comme venus par les sens les enseignemens donnés à l'esprit par des signes spirituels, par des signes matériels, par la parole ou par les œuvres d'art. Or, de cette erreur est résulté que ces philosophes confondent les notions physiques avec les notions morales, ce qui est des sens avec ce qui est de l'esprit.

Les phrénologistes se trompent comme les uns et les autres; comme les partisans des idées innées, ils admettent, sans s'exprimer nettement, sous le nom de *sentimens*, de véritables idées morales, et ces idées, ils les reconnaissent comme indépendantes à la fois de l'enseignement et de l'action des sens externes, comme se développant avec l'organisme intercranien, en un mot, comme étant innées; aussi, en bon logiciens, disent-ils que l'*éducation ne crée* rien. Comme les partisans de la *table rase*, les phrénologistes regardent comme venus par les sens externes les enseignemens donnés à l'esprit par la parole. Mais leur erreur nous semble autrement grave que celle des sensualistes; car ceux-ci, ne faisant pas dépendre les notions premières de l'action des sens internes, sont entraînés à affirmer, à exagérer même la puissance de l'éducation. Le système d'Helvétius en est une preuve. S'il y a donc, dans la théorie des sensualistes, une affirmation qui manque dans celle des phrénologistes, qui est même combattue par eux, cette affirmation est au moins une protestation contre leur fatalité organique. Quant aux impulsions internes, personne jusqu'ici n'a contesté leur innéité; elles ont toujours été regardées ou comme des dispositions de l'ame ou comme des aptitudes organiques. Le mot *instinct* ne signifie pas autre chose, et ce mot existe depuis assez long-temps pour que l'ancienneté de l'idée qu'il exprime n'ait pas besoin d'être démontrée. Les phrénologistes qui confondent souvent les notions avec les aptitudes, les idées avec les impulsions, ont écrit que les sensualistes plaçaient dans les sens externes la source de toutes nos aptitudes et de nos déterminations, tandis qu'ils n'y plaçaient réellement que celles de nos connaissances. Bien qu'ils écrivent souvent le contraire, lorsqu'il leur importe de donner à leur doctrine d'anciens et de notables précédens, car ils affirment le pour et le contre suivant leur convenance, nous ne voulons pas laisser nos lecteurs dans le doute; nous pourrions reproduire ici quelques citations puisées dans les écrits des philosophes appartenant aux écoles les plus diverses. Ces citations suffiraient pour démontrer que tous les systèmes philosophiques, celui de Condillac comme ceux de Descartes et de Leibnitz, ont admis des aptitudes, des impulsions, des dispositions indépendantes de l'action des sens externes. Ce fait est positif, incontestable, et il devient évident pour tous les esprits qui s'attachent à connaître avant toutes choses les principes généraux d'une école physiologique, sans se laisser égarer par des affirmations incidentes et plus qu'équivoques, qui peuvent être en contradiction avec ces principes.

M. Lélut mérite peut-être ce reproche. C'est ainsi que, se

méprenant sur la pensée d'Aristote, cet auteur est amené à s'exprimer en ces termes :

« Il serait curieux de faire commencer à Aristote la liste des auteurs qui ont admis d'une manière plus ou moins explicite, l'innéité des facultés ; mais il n'y a guère moyen d'attendre cela du philosophe pour qui l'*entendement proprement dit* était une *table rase ;* qui faisait tout dériver de la sensation, les pouvoirs comme les faits *intellectuels ;* pour lequel la vertu, sans racines naturelles dans le cœur, était une habitude de juste milieu entre deux passions opposées, et qui regardait ces mêmes passions comme des tempêtes momentanées de l'ame, uniquement excitées par le souffle des circonstances extérieures. »

Évidemment, il n'y a rien là qui démontre que, dans la pensée d'Aristote, le mobile des actions fût placée dans l'intervention des seuls sens externes (1). Aussi M. Lélut ajoute-t-il aussitôt :

« Il existe malgré tout cela, dans les livres du chef du Lycée, plusieurs endroits qui prouvent ce que je disais tout à l'heure, qu'il n'y a peut-être pas un seul philosophe qui n'ait senti parfois, qu'indépendamment des sens, il y a en nous quelque chose d'inné, de primordial, plus nécessaire qu'eux à l'explication de nos déterminations et de nos actes. »

Nous voyons par les citations mêmes de M. Lélut que l'opinion d'Aristote et celle de toutes les écoles philosophiques qui sont venues après lui, est tout-à-fait opposée à celle qu'on leur a prêtée.

« Ainsi je vois Aristote, continue M. Lélut, dans un des livres de la Morale à Nicomaque, dire que *nous sommes na-*

(1) Aristote a dit : *Intellectus noster est tanquam tabula rasa in qua nihil est depictum*, lib. 3 *de animâ*. C'était, en quelque sorte, désigner et attaquer directement la doctrine de Platon qui admet dans l'ame des *idées* préexistantes à l'existence terrestre. Or, les idées étant des *images*, Aristote en niait la présence par ces mots *nihil depictum*. Quant aux aptitudes et aux penchans, jamais Aristote n'en a nié l'innéité.

turellement portés à faire de certaines actions, *ou à l'exercice de certaines facultés naturelles*, *indépendantes des plaisirs qui en sont inséparables ou qui peuvent nous en revenir.* Je le vois, dans les catégories, regarder les qualités de l'ame comme des habitudes de *passions contractées dès la naissance;* dire qu'on est *naturellement colère* et *déraisonnable*, que la *justice est une qualité* et que l'*injustice est une qualité contraire*. Je le vois ailleurs dire que l'appétit, dans lequel il comprend le désir, la volonté, la colère, est une faculté qui se joint à toutes les autres, même à celle des raisonnemens, sans pouvoir en être séparée, *ce qui ferait de nos facultés intellectuelles elles-mêmes des facultés actives et volontaires.* Et sans doute qu'en cherchant bien, on extrairait encore de ses ouvrages beaucoup d'autres citations du même genre. »

Notre auteur ne persiste pas moins dans son opinion sur Aristote ; voici en effet ce qu'il ajoute :

« Mais quelque nombreuses qu'elles fussent, elles ne suffiraient pas toujours pour placer Aristote parmi les psychologistes qui ont proclamé l'innéité des facultés ; lui, au contraire, que ses doctrines bien connues ont fait considérer depuis plus de deux mille ans comme un des patriarches du sensualisme. »

Les citations que M. Lélut eût pu réunir sont en effet très nombreuses; il n'est pas un seul des livres d'Aristote qui n'en fournisse de très positives ; nous ne pouvons les reproduire dans ces notes. Nous prions nos lecteurs de se contenter de celles que nous devons à M. Lélut, et de recourir eux-mêmes aux ouvrages du chef du Lycée, s'ils désirent en avoir la démonstration.

Quant à Cicéron dont M. Lélut reproduit quelques assertions contradictoires, nous ne saurions attacher à ses paroles plus d'importance qu'elles n'en ont. Le pour et le contre ont été également défendus par cet orateur comme ils le sont par tous les avocats, selon les impressions, selon les circonstances du moment où ils parlent. Nous pourrions au reste démontrer que, lors même que Cicéron paraît à notre auteur repousser la doctrine de l'innéité, des aptitudes et des penchans, il l'affirme au contraire très positivement. Toutes les fois qu'il signale la *nature* ou la *raison* comme notre guide, et les *passions* comme la cause de notre trouble, il ne veut pas dire autre chose, et ces mots se trouvent dans toutes les pages des écrits de Cicéron comme dans ceux d'Aristote.

Sénèque, Galien; Galien surtout, ce dépositaire de la science d'Aristote, qui a exprimé sur les aptitudes naturelles des pensées que la phrénologie serait heureuse d'avoir conçues; Huarte que nous avons cité ailleurs (note F), et qui place dans le cerveau les conditions organiques d'où naissent les instincts des animaux et les aptitudes intellectuelles de l'homme; Charron dans son livre de la Sagesse; Bacon, dont M. Lélut cite un passage remarquable dans lequel la doctrine de l'innéité des aptitudes est non seulement exprimée positivement, mais encore approfondie avec la rapidité propre au génie; Locke, qu'une erreur inconcevable a fait ranger parmi les adversaires de cette doctrine; Condillac, le baron d'Hobalck et Helvetius, eux-mêmes; tous les philosophes en un mot, qui ont exprimé leur pensée en psychologie, en morale, ou en physiologie humaine, ont admis cette innéité comme un fait incontestable et incontesté. Nous ne parlerons pas de Platon et de ses nombreux disciples, de Descartes, de Leibnitz, de Bossuet, de Hume, de Hutcheson, de Reid, de Bonnet, de Bichat, de Cabanis, etc., etc., dont les opinions sont bien connues. Qu'on nous cite, non seulement un seul philosophe, mais encore un seul écrivain qui ait opposé un seul argument à cette doctrine de l'innéité, soit organique, soit *animale* (de l'ame), des aptitudes, des penchans, des impulsions et des sentimens qui sont communs à l'homme et aux animaux. Il est impossible d'ouvrir un livre où cela ne se trouve très positivement affirmé, selon l'ancien et vulgaire axiome : *natura facit habilem, ars vero facilem ususque potentem.*

Citons Locke, cet adversaire prétendu de la doctrine de l'innéité ; nous ne saurions mieux terminer cette note qui a surtout pour objet de démontrer que, pour les phrénologistes, plus encore que pour les sensualistes, l'axiome d'Aristote est vrai dans toute sa rigueur.

« *Je conviens* qu'il y a dans l'ame des hommes, dit Locke, *certains penchans qui y sont imprimés naturellement*, et qu'en conséquence des premières impressions que les hommes reçoivent par le moyen des sens, il se trouve certaines choses qui leur plaisent, et d'autres qui leur sont désagréables, certaines choses pour lesquelles ils ont des penchans, et d'autres dont ils s'éloignent, et qu'ils ont en aversion (1). »

« L'*ame a différens goûts aussi bien que le palais*, dit-il ailleurs, et si vous prétendiez faire aimer à tous les hommes la gloire ou les richesses, auxquelles poutant certaines personnes attachent entièrement leur bonheur, vous y travailleriez aussi inutilement que si vous vouliez satisfaire le goût de tous les hommes en leur donnant du fromage et des huîtres qui sont des mets forts exquis pour certaines gens, mais extrêmement dégoûtans pour d'autres... C'était là, je crois, la raison pourquoi les anciens philosophes cherchaient inutilement si le souverain bien consiste dans les richesses ou dans les voluptés du corps, ou dans la vertu, ou dans la contemplation. Ils auraient pu disputer, avec autant de raison, s'il fallait chercher le goût le plus délicat dans les poires, les prunes ou les abricots, et se partager en cela en différentes sectes (2). »

Or, ces goûts et ces aptitudes diverses dépendent nécessairement des conditions physiologiques qui diffèrent dans chaque homme. Il en est de même des penchans et des impulsions, comme les phrénologistes rangent dans la catégorie des sens internes, des penchans et des aptitudes naturelles, les notions morales non naturelles, qui sont données à l'esprit par l'enseignement ; il en résulte qu'ils doivent adopter sans hésitation l'axiôme qu'ils semblent repousser ; il en résulte qu'ils doivent dire avec Aristote et à plus juste titre que ce philosophe : *Nihil est in intellectu quod prius non fuerit in sensu*, ajoutez : *interno seu externo.*

(1) Essai philosophique, liv. I, ch. II, p. 127 du tome 1er de la traduction de Coste. — Citation de M. Lélut.

(2) Liv. II, chap. XXI, tom. 2, p. 199. Cit. de Lélut.

NOTE (K), Page 116.

L'étude difficile des altérations pathologiques qui accompagnent les affections mentales n'a reçu et ne saurait recevoir aucune lumière de la phrénologie.

Si la phrénologie était une vérité, les recherches des médecins sur les diverses maladies mentales seraient plus fécondes; l'éthiologie de ces affections serait moins incertaine, et leur traitement en serait très probablement plus efficace; mais il n'en est pas ainsi; et non seulement il n'en est pas ainsi, mais encore tous les *faits* d'anatomie pathologique de l'encéphale mettent au néant toutes les assertions du système qui ose s'appeler *la Physiologie du cerveau.*

En effet, comme nous l'avons déjà dit, les altérations pathologiques qui ont été trouvées par les médecins dans les diverses parties de l'encéphale sont bien loin de démontrer la réalité des assertions phrénologiques. Les docteurs Voisin, Spurzheim, G. Combes et Broussais, qui sont à notre connaissance les seuls phrénologistes qui aient écrit sur la folie, n'ont pas donné à cet égard des résultats plus satisfaisans. M. Voisin, dans son ouvrage intitulé : *Des Causes physiques et morales, des maladies mentales et de quelques autres affections nerveuses, telles que l'hystérie, la nymphomanie et le satyriasis*, n'a avancé *aucun fait* pathologique à l'appui des prétentions du système qu'il professe. Il en est de même de Spurzheim et de M. Broussais, dans leurs ouvrages sur la *Folie* (1). Quant à l'article de G. Combes, inséré dans le *Phrenological Journal and Miscellany*, nous n'y avons vu

(1) *Observations sur la folie*, par Spurzheim. *De l'Irritation et de la Folie*, par M. Broussais.

que l'application ordinaire de la cranioscopie au diagnostic de la folie. L'auteur cite vingt-trois malades qui ont été soumis à son examen dans la maison des fous de Richemond à Dublin. Voici les résultats de cet examen, consignés dans le *Journal de la Société phrénologique de Paris*, juillet 1835. Nous citons textuellement : « Chez quinze ou seize la coïncidence entre le développement du cerveau et la nature de la folie s'est trouvée assez exacte pour que l'inspection du crâne ait permis de découvrir les symptômes caractéristiques. Dans quatre cas, le degré de développement des organes n'offrait pas de base aux conclusions, et dans un seul il n'y avait point de corrélation entre le caractère de l'aliénation et les prédominances organiques. » Certes, c'est là un beau résultat ; mais qu'on ne se hâte pas de conclure, comme le fait le phrénologiste français, dans le recueil que nous venons de citer, que l'on est en droit d'espérer de très heureuses applications du système à la connaisssance et au traitement de l'aliénation mentale. En effet, avant de se hâter de tirer cette conclusion, il faudrait vérifier l'exactitude des faits rapportés. Or, c'est précisément ce que nous avons fait ; nous avons vu, d'après les paroles mêmes de l'article de M. G. Combes, que les notes du médecin ordinaire de la maison, mises à côté des présomptions cranioscopiques du visiteur, ne coïncident pas le moins du monde pour le plus grand nombre des cas. Nous citons même ce compte rendu dont un extrait est donné par le *Journal de la Société phrén. de Paris*, comme un modèle du genre. Jamais la mystification ne fut poussée plus loin. Nous ne citerons qu'un exemple de cette manière qui affecte de s'appuyer sur des faits, sans daigner s'assurer de leur rapport et de leur constance. M. G. Combes trouve chez une folle, entre autres organes cérébraux très développés, celui de l'*imitation ;* il s'empresse de le signaler. La cause de la phrénologie est gagnée, il triomphe ; car.... cette femme aime à s'habiller comme un homme. Tout l'article est de cette force, sans parler des malades touchant lesquels les témoignages du phrénologiste visiteur et du médecin ordinaire de la maison sont contradictoires. Nous n'insisterons pas sur la très plaisante bonhomie qui se montre dans tout le cours de cet écrit; nous voulons laisser à nos lecteurs le plaisir d'y recourir eux-mêmes.

Pour avoir une juste idée de la vanité des assertions phrénologiques touchant les affections mentales, il n'y a qu'à lire les travaux sur les maladies du cerveau et sur les altérations pathologiques de cet organe, de MM. Lallemand, Bayle, Calmeil, Rostan, Georget, Esquirol, Bouillaud, Abercrombie, Lélut, etc. Les faits cités par ces observateurs sont nombreux, et quoiqu'ils soient souvent contradictoires, il n'en résulte pas que les assertions de la phrénologie soient vraies, car ces faits lui sont complètement étrangers, et n'ont aucun rapport avec ceux qu'elle suppose. Et cependant la phrénologie s'*appuie sur les faits!* Cela prouve combien cette argumentation, aujourd'hui à la mode, est creuse, illogique et trompeuse; il n'est pas une théorie, quelque absurde qu'elle soit, qui ne se croie légitime, parce qu'elle cite des faits, comme si une science pouvait se passer d'une méthode à l'aide de laquelle les faits pussent être coordonnés, et de principes en vertu desquels les rapports de ces faits entre eux pussent être connus.

La seule assertion vraie en phrénologie, relativement à l'étiologie des affections mentales, ne lui appartient pas sans des contestations nombreuses et légitimes. En effet, tant que la phrénologie se borne à enseigner que toutes les maladies de l'intelligence proviennent d'une altération idiopathique ou sympathique du cerveau, elle ne s'éloigne pas de la vérité; mais lorsqu'elle prétend aller au-delà de cette généralité, elle s'égare dans des hypothèses que personne n'a encore pu vérifier. Au reste, voyez à ce sujet, dans l'ouvrage de M. Broussais, *de l'Irritation et de la Folie*, page 426 et suiv., le jugement de ce phrénologiste sur la pensée de Gall. Dans ces pages, M. Broussais reproche à Gall d'avoir attribué à des *lésions vitales* des organes intercraniens la cause de diverses affections mentales. Il trouve ce mot *lésion vitale* par trop vague et par trop élastique. Il est en effet fort peu compromettant pour le système. Il aurait voulu qu'il se servît du mot *irritation.* Quoiqu'il n'y ait entre les deux auteurs qu'une question de mots, nous devons y puiser cette donnée positive que ni l'un ni l'autre n'ont démontré en aucune manière la réalité de leurs vagues assertions, et que, réduite aux termes qu'ils ont posés, la question des affections mentales est bien loin d'être résolue.

NOTE (L), Page 120.

Le système phrénologique conclut nécessairement à la légitimité de la force, mise au service du savoir et de l'habileté. Doctrine de Hobbes.

Cette assertion pourra étonner quelques personnes. Elle n'étonnera certainement pas celles qui ont examiné avec quelque attention la doctrine qui nous occupe. Rien n'est aussi vrai, rien n'est aussi évident. En effet, une société ne peut avoir vie et durée qu'à la condition de reconnaître et de pratiquer une loi souveraine, d'imposer et d'enseigner, à tous les membres qui la composent, des devoirs et des obligations qui tendent à l'accomplissement d'un but commun. Hors de là, il n'y a plus de société possible, à moins qu'on veuille conserver ce nom à une agglomération d'hommes guerroyans entre eux, subissant et imposant tour à tour le joug des plus forts, des plus violens, des plus persévérans, des plus habiles, vainqueurs la veille, vaincus le lendemain, livrés à leurs instincts, à leurs impulsions naturelles, et ne reconnaissant en réalité d'autre suprématie que le triomphe de la ruse ou de la force. Une pareille agglomération d'hommes existerait infailliblement, si elle ne reconnaissait aucune loi commune, si elle ne subordonnait pas tous ses membres à une pensée commune. Or, la phrénologie se trouve entraînée à nier la puissance créatrice de l'éducation, qui seule peut faire accepter le but social, qui seule peut *créer*, dans les membres d'une même société, un sentiment qui domine toutes leurs aptitudes diverses et les dirige. La phrénologie affirme très positivement que la société est impuissante à donner aux hommes un sentiment qui ne soit pas le produit de leur chair, et par conséquent aussi ancien que lui-même, et datant de la création ; selon le système, si des sociétés s'organisent, ce n'est pas en vertu d'une loi d'activité commune et en vue d'un but commun, mais c'est en vertu d'organes cérébraux qui existent dans les crânes humains, et qui commandent la réunion sociale. Or, l'organe principal de la *sociabilité*, celui de l'attachement, est le même qui réunit entre eux et les uns avec les autres, les hommes et les animaux. Que si on objecte à la phrénologie que toutes les impulsions internes, quelque *sociales* qu'on veuille les supposer (on sait que celles-là sont les moins nombreuses dans le système), sont nécessairement aveugles, et ne sauraient connaître le but auquel elles doivent concourir, ni la loi en vertu de laquelle elles peuvent concourir à ce but; que si on lui objecte encore que l'histoire démontre les mêmes organes *sociaux* fonctionnant d'une manière bien diverse, dans le cours des âges, selon les lois morales qui président aux sociétés ; que si vous objectez au système le progrès en vertu duquel des sentimens nouveaux ont paru sur la terre et ont fertilisé les domaines de l'association et de la science, que des sentimens moins généraux avaient préparés ; que si vous objectez au système toutes ces choses et bien d'autres encore que nous ne pouvons énumérer ici, il nous fera avec Gall cette réponse remarquable : « L'homme est destiné, en vertu de son organisation, *comme* « *plusieurs espèces* d'animaux, à vivre en société. Il devrait « par conséquent être muni de toutes les qualités et de toutes « les facultés nécessaires au maintien de la réunion sociale. « La communauté des hommes est le résultat et non la cause « de leurs qualités morales et de leurs facultés intellectuelles ; « dira-t-on que la république des fourmis, des abeilles, des « castors, ait engendré les instincts de ces êtres? Ou, trouvera-« t-on plus conformes à la raison que leurs instincts innés les « aient rassemblés en républiques? *Si cette dernière opinion* « *vous répugne, réunissez les renards, les tigres, les vau-* « *tours en troupeaux, et montrez-nous une qualité ou* « *une faculté quelconque que leur société aura fait naître.* » Si la discussion pouvait être convenable, après une pareille réponse qui explique si effrontément les sociétés humaines par les lois qui dominent les sociétés animales, nous demanderions au système comment il se fait que les sociétés soient si diversement organisées chez les hommes, selon les temps et selon les enseignemens, tandis qu'elles sont toujours invariablement et forcément régies par les mêmes lois chez les animaux. Nous lui demanderions comment il explique les changemens survenus dans les principes et dans les conditions de l'association humaine, dans les institutions sociales, tandis que chez les *castors*, chez les *fourmis*, chez les *tigres*, les choses se passent toujours et tout-à-fait comme au commencement. Ne serait-ce pas parce que ceux-ci sont sous la loi fatale des forces organiques, tandis que les forces organiques chez l'homme ne sont pas destinées à agir, impérieuses et fatales, toujours les mêmes, toujours identiques, tandis qu'au contraire ces forces sont subordonnées à la loi morale que Dieu renouvelle progressivement dans le cours des âges de l'humanité.

Mais les phrénologistes sont entraînés, malgré eux, à comparer sans cesse les hommes aux animaux, à avoir la raison des phénomènes de ceux-là par les lois qui dominent ceux-ci. Il n'y a donc, pour eux, aucune loi morale possible, en vertu de laquelle les forts et les intelligens doivent accepter une œuvre morale, se vouer à une tâche étrangère à leur intérêt personnel, remplir les obligations imposées à ceux à qui il a été donné de plus grandes facultés. Or, si la loi morale ne triomphe pas dans une société, elle ne peut sauver son existence matérielle qu'en se livrant aux volontés et aux caprices d'un pouvoir établi, en en consacrant la légitimité, sauf à le renverser, lorsque la force portera la légitimité ailleurs. Telles sont les conséquences de la doctrine de Hobbes, doctrine que le philosophe conçut dans l'intérêt de la famille des Stewart, qu'il avait suivie dans l'exil, et qu'il publia plus tard, pour se ménager la bienveillance de Cromwel et pour rentrer dans sa patrie. Voici les maximes de Hobbes.

Suivant Hobbes, l'homme est naturellement un *animal* qui n'est impulsionné à agir qu'en vertu de ses intérêts égoïstes, et si cet animal se résigne à accepter les conditions d'une association, ce n'est pas, comme le prétendent les phrénologistes, parce qu'il est pourvu des organes intercraniens qui le poussent à vivre en société en dépit des organes nombreux et puissans qui le portent à l'égoïsme et à l'isolement. Cet animal, selon Hobbes, n'est pas organisé dans ce but, comme les fourmis, les abeilles, les castors; mais il se résigne à accepter les conditions de l'association dans des vues intéressées; l'union sociale n'est pour lui qu'une ligue intéressée, suggérée par des vues prudentes d'avantages personnels. D'après cette théorie, la société ne serait organisée qu'en substituant la force d'un seul, ou de quelques-uns, à la force et à l'habileté de chacun, et en subordonnant l'égoïsme anarchique de tous à un égoïsme dynastique. La conséquence pratique de la phrénologie est la même, malgré la différence que nous avons signalée dans la théorie. « Par suite de cette transmission des droits « naturels à un individu ou à corps d'individus, la multitude, « dit D. Stewart, devient une personne unique. On ne peut « donc enlever le pouvoir de gouverner à ceux à qui il a « été confié, et on ne peut les punir de leur mauvaise gestion: « on doit rechercher l'interprétation des lois, non pas dans « les commentaires des philosophes, mais dans l'autorité du « gouvernement; autrement la société serait à chaque instant « exposée à se dissoudre et à se trouver réduite à ses premiers « élémens, si discordans entre eux. On doit donc regarder la « seule règle du magistrat comme la seule règle du juste « et de l'injuste, et chaque citoyen doit écouter la voix du « magistrat comme la voix de sa propre conscience. »

Évidemment la phrénologie, quoi qu'en disent les phrénologistes, ne conclut pas à une pratique sociale autre que celle que nous venons d'exposer; car, quelle est dans ce système, lui demanderons-nous, la loi morale, en vertu de laquelle les agrégations d'hommes qui, selon les docteurs, sont le résultat de la nature humaine, se transforment en sociétés libres et actives, ayant des devoirs et des droits, et accomplissant une fonction sur la terre? Évidemment, les priviléges d'une heureuse organisation, n'appartenant nécessairement qu'à un très petit nombre d'hommes, et se transmettant nécessairement par voie de la chair, et ces priviléges constituant eux-mêmes des rivalités également puissantes parmi le petit nombre de prédestinés, il en résulte nécessairement que la minorité doit imposer la loi qui lui convient à la majorité qui n'est pour les phrénologistes que le *vulgum pecus;* il en résulte aussi que les intelligences de cette minorité doivent se coaliser entre elles pour garantir leurs jouissances contre leurs propres entraînemens, et constituer pour elles seules un droit, une justice, une cité. Telle la maxime politique qui émane logiquement de la phrénologie, maxime légitime en ce sens, qu'elle est la seule qu'on puisse invoquer dans une doctrine qui n'admet, dans la conservation et dans la direction des sociétés, que la suprématie des organes intellectuels. N'est-ce pas conclure comme Hobbes à la légitimité de la force? Bien plus, si l'égoïsme de quelques classes inférieures de la société vient à sentir sa misère; si ces classes viennent à dérober aux classes qui les exploitent, quelques rayons de leur intelligence, au nom de quel sentiment moral, au nom de quel principe s'insurgeront-elles et viendront-elles lever l'étendard de la révolte? Sera-ce au nom de l'*indulgence universelle*? sera-ce au nom de la *tolérance morale?* Évidemment ce sera encore au nom du droit de la force et de l'habileté. Expliquer l'histoire par ces maximes, n'est-ce pas enseigner l'immoralité par le mensonge et par l'erreur?

Dans le système phrénologique comme dans le système de Hobbes, l'homme est un animal livré à la fatalité de ses instincts (malgré ses organes prétendus *sociaux*), et cet animal doit se trouver très heureux, si des races, ou des individus forts et habiles, veulent bien se charger de les empêcher de se nuire, en les exploitant pour leur propre compte. Hobbes a sur le système le mérite de la franchise, ou au moins celui d'une bonne logique.

NOTE (M), Page 127.

La phrénologie tend à réhabiliter et à légitimer les doctrines sur l'esclavage, qui ont régné avant le christianisme, et qui sont reproduites de nos jours par les propriétaires d'esclaves.

Nous avons vu, dans la note précédente, que le système phrénologique proclame la suprématie de l'intelligence et de la force, en plaçant au dessus des masses, pour régler les mouvemens instinctifs, les privilégiés de la naissance, nous voulons dire de l'organisation. Que s'ils invoquent l'abstraction *loi* comme devant présider aux sociétés, comme devant être la même pour tous, nous leur demanderons en vertu de quel principe cette loi pourra commander force et respect à des organisations qu'elle froissera dans ses applications ; nous lui demanderons encore en vertu de quel principe, cette loi, que les *privilégiés de la nature* auront faite, pourra être favorable aux conditions de la *multitude* (expression phrénologique). Aristote établissait aussi la souveraineté de la loi, *qui est l'expression de l'intelligence et de la sagesse générale*, c'est-à-dire, qui est l'expression des lumières du petit nombre, ou, comme chacun sait, l'intelligence et la sagesse, phrénologiquement parlant, ne sont pas l'attribut du *vulgaire*. Aristote disait, comme les phrénologistes, qu'*on supporte la loi parce qu'elle ne blesse point l'équité*. Qu'est-ce que l'équité chez Aristote et chez les phrénologistes? que signifie ce mot dans un système qui regarde la société, comme la coalition des plus forts et des plus intelligens? Voici pour Aristote :

« L'égalité semble être la base du droit, *mais ne l'est que pour les égaux, non pour tous*. L'inégalité l'est de même, mais pour les inégaux seulement. » *Politique*, Liv. III, chap. X.

« Ce n'est pas seulement pour vivre ensemble, c'est plutôt pour bien vivre qu'on s'est mis en société. Sans quoi *la société comprendrait les esclaves et les autres animaux*; de tels êtres ne prennent aucune part au bonheur public, ni ne vivent à leur volonté. » *Ibid.*

« Il est dans le vœu de la nature que celui-là commande, qui peut, par son intelligence, pourvoir à tout, et que celui-là au contraire obéisse, qui ne peut contribuer à l'avantage commun que pour le service de son corps. Ce partage est salutaire au maître et à l'esclave.

« La guerre est un moyen naturel d'acquérir (résultat de la convoitivité et de la combattivité); la chasse en fait partie (résultat de la destructivité); on use de ce moyen non-seulement contre les bêtes, *mais contre les hommes qui, étant nés pour obéir, refusent de le faire.* Cette sorte de guerre n'a rien d'injuste, étant pour ainsi dire déclarée par la nature elle-même. » *Ibid.*, liv. I, chap. VI.

L'homme qui, *par nature* n'est point à soi, mais à un autre, est esclave *par nature;* c'est une possession et un instrument pour agir séparément, et sous les ordres du maître. » Liv I, chap. IV.

« Il n'est pas seulement nécessaire, il est avantageux qu'il y ait commandement d'une part, et obéissance de l'autre, et tous les êtres, dès le premier instant de leur naissance, sont pour ainsi dire marqués *par la nature,* les uns pour commander, les autres pour obéir. » Liv. I, chap. V.

« Toute la différence entre les esclaves et les bêtes, c'est que les bêtes ne participent aucunement à la raison, n'en ont pas même le sentiment, et n'obéissent qu'à leurs sensations. Les esclaves sentent bien la raison dans les autres, mais n'en ont pas eux-mêmes l'usage (1). » *Ibid.*

« La nature a, pour ainsi dire, imprimé la liberté et la servitude jusque dans les habitudes corporelles. *Ibid... Par les lois de la nature*, il y a des hommes *faits* pour la liberté, et d'autres pour la servitude, auxquels il convient, et par justice et par intérêt, de servir. » *Ibid.*

(1) Le même langage est tenu par les propriétaires de noirs, aussi refusent-ils l'éducation aux enfans de ces malheureux : ils sentent fort bien que la *raison* est créée par l'éducation morale.

« Outre la *servitude naturelle*, il y a ce qu'on appelle servitude établie par la loi : cette loi est une espèce de convention générale, suivant laquelle ce qui a été pris dans la guerre appartient au vainqueur. » Aristote n'affectionne pas cette conséquence de la victoire qu'il dit avoir été acceptée, parce que la victoire suppose ordinairement dans le vainqueur une supériorité quelconque, et que la force est elle-même une sorte de mérite. (C'est le thème de M. Cousin *amnistiant la victoire* et *Waterloo*, dans une de ses leçons en Sorbonne). Aristote trouve que le courage n'est pas une raison d'asservir les autres; il réserve ce droit à l'intelligence. C'était garantir la coalition des membres de la cité, contre les attaques des classes qui pourraient ne pas manquer de courage, mais bien d'intelligenee; car celle-ci a besoin d'être cultivée par l'éducation, et l'éducation était refusée aux esclaves.

« Ce qui convient au tout, convient aussi à la partie; ce qui convient à l'âme, convient de même au corps. Or, l'esclave fait en quelque sorte partie de son maître, quoique séparé d'existence, et comme un membre ajouté à son corps. » Liv. I, chap. VI.

« Il y a deux sortes d'instrumens, les uns animés, les autres inanimés... l'esclave est une propriété instrumentale animée.

« ... Quoique le despotisme soit utile, et à ceux que la nature a condamnés à l'intelligence, et à ceux à qui elle a donné de la supériorité, il tend néanmoins directement à l'utilité du maître, *et ne rencontre celle de l'esclave que par accident.*

« C'est une question, si, outre les services et les fonctions matérielles des esclaves, on peut leur demander un mérite plus éminent.... si l'on exige d'eux qu'ils aient des vertus, en quoi diffèrent-ils des gens libres? S'il ne leur en faut point, cela choquera la raison à laquelle ils participent. » Liv. I, chap. XIII.

« .... Il faut donc que tous deux aient des vertus, mais que leurs vertus aient un caractère différent, et la même différence qui se remarque entre les êtres nés pour obéir. » *Ibid.*

Pour l'esclave c'est à bien faire son service que consiste sa vertu, vertu assez mince qui se réduit à ne manquer à ses devoirs, ni par inconduite, ni par lâcheté....» *Ibid.*

« .... Si ce que nous venons de dire est vrai, les artisans n'auront-ils pas aussi besoin de vertus?... Un homme de métier est dans une sorte de servitude limitée; mais la nature qui fait les esclaves, ne fait ni cordonniers, ni autres artisans; quand on les emploie, ce n'est pas la volonté de celui qui leur a enseigné à travailler, mais celle du maître qui commande l'ouvrage qu'ils doivent faire. » *Ibid.*

Nous ne finirions pas, si nous voulions reproduire toutes les conséquences qu'Aristote tirait du principe de l'inégalité des organisations et de l'inégalité des ames humaines; si nous voulions montrer les efforts de raisonnement que ce grand philosophe a faits à chaque page, pour calmer la conscience des membres de la cité, et pour engager à la résignation les nombreux esclaves et artisans *qui ne sont pas citoyens, mais seulement habitans.*

Évidemment, dans ce système, la cité n'est autre chose que la coalition des intelligens et des forts. Telle était la cité athénienne composée de 20,000 *citoyens* dominant 400,000 *habitans* (esclaves et artisans), répandus dans l'Attique.

Platon, en écrivant ses brillantes utopies, ne songea pas à proposer l'abolition de l'esclavage. C'eût été sans doute une rêverie par trop niaise. Il se borne à regarder la servitude comme une nécessité fort embarrassante. Il tient à peu près le langage des publicistes modernes, lorsqu'ils examinent la situation des États à esclaves de l'Union anglo-américaine.

« L'homme, dit Platon, est un animal difficile à manier, et se prêtant avec peine infinie à la servitude, quoique introduite par nécessité. L'esclave est un meuble bien embarrassant, l'expérience l'a fait voir plus d'une fois. Les fréquentes révoltes arrivées chez les Messéniens et autres peuples le prouvent évidemment. Je ne reconnais que deux expédiens : le premier est de n'avoir point d'esclaves d'une seule et même nation; le second, de n'avoir jamais envers eux des manières hautaines et méprisantes; mais point de familiarité, ni avec ceux du sexe masculin, ni avec ceux du sexe féminin. » *De Leg., lib. VI.*

Nous ne pouvons citer ici les écrits nombreux des auteurs

grecs et romains, qui ont regardé l'esclavage comme un résultat providentiel de l'inégalité des ames et des corps. Il n'est pas un seul écrivain, poète ou philosophe, qui n'ait reproduit les maximes que nous avons extraites de la politique d'Aristote.

Horace a dit :

Vendere cum possis, captivum occidere noli,
Serviet utilius.

Ces maximes, qu'un jurisconsulte allemand, Hugo, *Naturechts*, § 196, etc., a remises en honneur, sans doute par admiration pour le droit romain, sont invoquées tous les jours par les traficans et par les propriétaires de nègres. C'est parmi les colons que la phrénologie rencontre les plus chauds partisans ; ils aiment à légitimer l'esclavage, comme l'avait fait Aristote, en le faisant dépendre, à l'aide de la théorie des inégalités naturelles, de l'infériorité organique de ceux que la nature a créés pour être leurs *instrumens animés*. Ils aiment à montrer *leur mépris pour les défectuosités* de ces malheureux, auxquels, pour accuser avec plus de succès les conditions fatales de leur organisme, ils ont soin de refuser toute éducation, et d'interdire toute instruction morale, sous peine de mort. Cependant les nègres sont affranchis dans les États du nord de l'Union, dans les colonies anglaises; à la Martinique plusieurs sont libres; et ils montrent déjà, à peine entrés dans une civilisation qui, pour nous, date de plusieurs générations, qu'ils sont plus disposés à oublier leur ancienne humiliation, que leurs anciens maîtres ne le sont à oublier leur insolent empire.

Les seigneurs russes tiennent le même langage que les planteurs américains. Les uns et les autres s'appuient sur la théorie des inégalités naturelles. Conséquens à cette théorie, ils proclament, comme Aristote, l'inégalité des droits que la nature accorde aux uns, et qu'elle refuse aux autres, en raison des aptitudes qu'elle crée pour chacun. Et toutes ces maximes trouvent dans la doctrine phrénologique un appui, une consécration scientifique. C'est là ce que les docteurs ne se soucient pas de reconnaître, quoique d'après leur doctrine, comme d'après celle d'Aristote, l'asservissement du plus grand nombre soit selon la nature et par conséquent très légitime : ils préfèrent employer toute leur habileté à montrer une logique moins sévère.

Mais nous les jugeons par l'ensemble de leur doctrine, et non par des paroles isolées.

Mais nous serons là, vigilans, pour les empêcher de cacher le reptile sous des fleurs, afin que tous les hommes de bonne volonté soient avertis.

Car la véritable doctrine de la fraternité et de l'unité humaines est la doctrine spiritualiste et chrétienne. Ailleurs sont des paroles trompeuses; là est le principe infaillible.

Il y a bien diversité de dons, mais il n'y a qu'un seul esprit.

FIN DES NOTES.

TABLE DES MATIÈRES.

NOTES.

FIN DE LA TABLE.

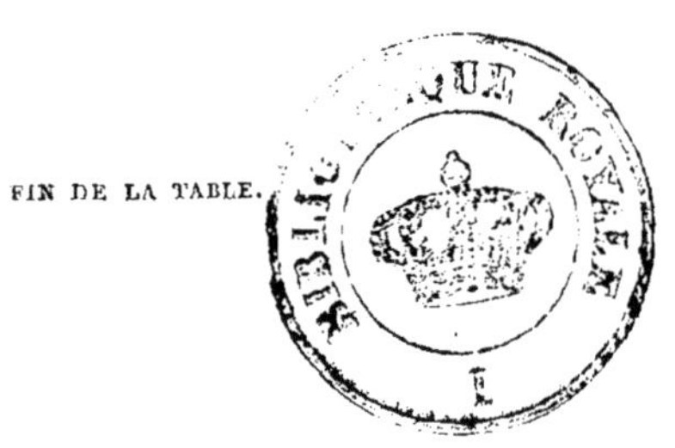

ERRATA.

Au lieu de *physiologie*, lig. 14 de la note, page 19; lisez *psychologie.*

Au lieu de *précisément Spurzheim*, lig. 1 de la note, page 82; lisez *précisément un disciple de Spurzheim*, *M. G. Combes.*

Au lieu de *Renferme-t-il*, lig. 3, page 105; lisez *Renferme-t-elle.*

Au lieu de (l), page 120, lisez (L).

Au lieu de *les applications de la physiologie*, lig. 21, page 125; lisez *les applications de la phrénologie.*

Au lieu de *de ces autres docteurs*, lig. 10 de la note, page 142; lisez *des autres docteurs.*

Au lieu de *Physiologie du cerveau* (dans plusieurs citations du dernier ouvrage de Gall), lisez *Sur les fonctions du cerveau.*

www.ingramcontent.com/pod-product-compliance
Ingram Content Group UK Ltd.
Pitfield, Milton Keynes, MK11 3LW, UK
UKHW021132260726
13994UKWH00001B/101

9 782329 388649